라인트레이서 실습을 통한

로봇프로그래밍 입문

문성환 | 김수인 공저

북스힐

요즘 우리는 일상생활 속에서 심심찮게 로봇을 볼 수 있습니다. 로봇은 춤을 추고, 노래도 부르고, 다른 로봇과 격투도 하면서 많은 사람들을 즐겁게 해 주고 있습니다. 그런데 놀라운 사실은 이 로봇들은 자신이 지금 무엇을 하고 있는지 모르고 있다는 것입니다. 단지, 주어진 명령대로 움직였을 뿐인데 사람들에게는 마치 춤을 추고, 노래를 하는 것처럼 보이는 것입니다. 즉, 보는 이로 하여금 로봇이 춤을 추고 있다고 착각하게 만드는 것이죠.

이 책은 학생들에게 가장 많이 알려져 있는 라인트레이서(프로레이서-3; 제조사-SRC)를 활용해서 무게중심을 고려한 여러 부품들(센서, 모터, 바퀴, 프레임 등)의 조립에서부터 센서의 작동원리와 c언어 프로그래밍에 이르기까지 로봇에 대한 포괄적인 내용들에 대해 초보자들도 지루하지 않고 쉽게 따라할 수 있도록 실습위주로 구성되어 있습니다.

우리가 배울 라인트레이서 역시 자신이 라인을 따라다니는 사실을 모른 체 움직입니다. 심지어 선이 있는지 없는지, 자신이 우회전을 하는지 전진을 하는지 후진을 하는지 조차 알지 못합니다. 다만, 센서를 이용하여 어떤 조건을 만족할 때까지 모터를 앞/뒤로 움직이도록 MCU(Micro Controller Unit)가 명령을 내릴 뿐입니다. 지금 우리가 배울 내용은 다른 사람들이 이 라인트레이서를 볼 때 마치 라인을 보고 따라다니는 것처럼 착각할 수 있도록 프로그래밍을 통해 라인트레이서를 학습시키는 일입니다.

라인을 따라가면서 주어진 임무를 완수하는 방법은 한 가지만 있는 것이 아니라 여러 가지가 있을 수 있습니다. 이 때문에 로봇은 창의적 사고력과 논리적 사고능력을 배양할 수 있는 최적의 교구라고 생각합니다.

단순하게 기술을 익히는 것이 아니라 자연스러운 통합적 사고능력증진을 위한 놀이로 인식하며 즐기시길 희망합니다.

미래에, 로봇이 춤을 추면서 자신이 춤을 추고 있다는 사실을 깨달을 수 있도록 로봇 공학기술을 개발하는 사람은 어쩌면 현재 이 글을 읽고 있는 학생들일지도 모른다는 희망을 안고 이 책을 출간합니다.

목 차

chapter 1 로봇이란?

가. 로봇의 정의

사전을 보면 '**(인간의 모습과 비슷하게 만들어) 인간의 행동이나 작업 등을 자동적으로 할 수 있게 만든 기계 장치, 인조 인간, 자동적으로 일하는 기계 장치.**'라고 나와 있습니다. 이 사전적 의미대로라면 세탁기나 커피 자판기 등도 로봇이 될 수 있기 때문에 로봇을 다음과 같이 정의할 수 있습니다.

> 로봇은 대상물을 인식하고 움직일 수 있는 기능을 가지면서 프로그램 된 작업을 수행하는 자동기계

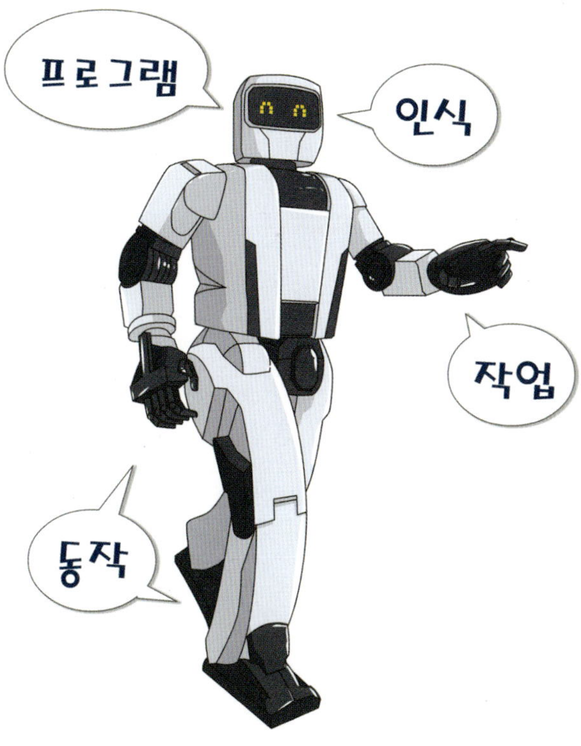

나. 로봇의 어원

로봇이라는 말은 체코어의 로보타(robota)의 뜻에서 나왔다고 알려져 있습니다. 이는 노예, 일하다, 강제적 노동을 의미합니다. 1920년 체코슬로바키아의 작가 카렐 차페크가 희곡 'Rossum's universal robots(로섬의 만능로봇)'를 발표하면서 로봇이라는 단어가 사람들의 관심을 가지게 되었습니다. 이 희곡의 내용은 로봇이 노동자로서 인간의 지배를 받는 상황을 그렸는데 종내에는 이 로봇들이 노동을 통하여 지능 및 반항정신이 발달하여 결국 인간을 멸망시켜버리는 내용입니다.

다. 로봇의 3원칙

SF 작가 아이작 아시모프(Isaac Asimov, 1920 - 1992)의 단편소설 "아이로봇(I Robot, 1950)"에서 인용하는 원칙으로 로봇을 제작하는 원칙으로 자리잡고 있습니다. 이 원칙의 가장 중요한 점은 로봇은 사람을 보호해야한다는 것입니다.

1) 제1원칙

로봇은 인간에게 해를 끼쳐서는 안되며, 위험에 처해있는 인간을 방관해서도 안 된다.

2) 제2원칙

제1원칙에 위배되지 않는 경우 로봇은 인간의 명령에 반드시 복종해야만 한다.

3) 제3원칙

제1,2원칙에 위배되지 않는 경우 로봇은 자기 자신을 보호해야만 한다.

2. 로봇의 역사

1) 기원전 8세기 호메로스의 서사시 '이리아스' 로보트로서 '황금소녀'등이 등장
2) 기원전 3세기: 그리스 신화에 청동의 거인 '타로스'가 등장
3) 기원전 1세기: 헤론이 회전하는 '연극인형'을 창작

[그림 2] 그리스신화 '타로스'

가. 자동기계시대 (1800~1920)

자동장치, 태엽을 이용해 움직이는 인형 등장

1) 1741년 : 프랑스의 기계기사 보오킨슨이 톱니바퀴를 사용한 오리를 만들다.
2) 1796년 : 일본의 호소카와가 차 운반 인형을 고안한다.
3) 1773년 : 스위스의 자케 드로즈가 '글 베끼는 인형'을 제작한다.

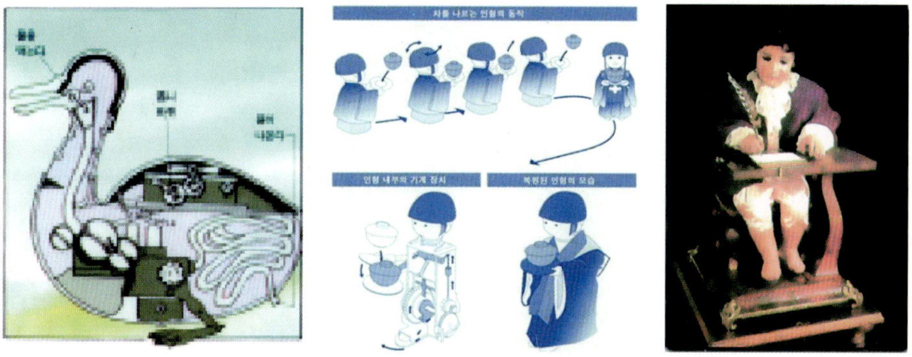

[그림 3] 보오킨스의 오리, 차운반 인형, 글 베끼는 인형

나. 산업용로봇시대 (1920~1990)

최초의 산업용 로봇이 제작되었고 로봇팔을 중심으로 제도라인이 활용됨.

단순반복작업과 인간이 작업하기 힘든 조건에서의 작업에 뛰어난 효능을 가져다주었다.

1) 1921년 : 체코의 카렐 차페크의 '로선의 만능로봇'에서 '로봇'용어 최초 사용.

2) 1958년 : 최초의 산업용 로봇 '유니메이트'가 개발, 61년 제너럴모터스에서 사용.

3) 1964년 : 집적회로(IC)를 사용한 '트리맨 몬키' 개발.

4) 1973년 : 일본 와세다대학이 세계 최초 2족보행로봇 'WABOT-1'을 개발.

5) 1981년 : 조작 관절의 전기모터를 이용한 직립구동로봇을 카네기 멜론 대학 개발.

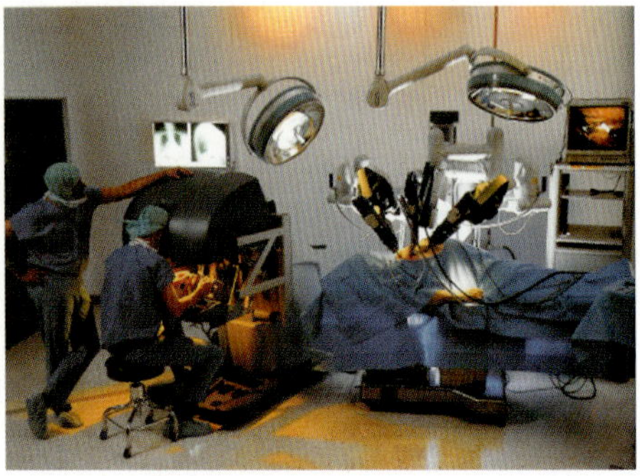

[그림 4] 자동차 조립 로봇, 수술용 로봇

다. 서비스로봇시대 (1990~2005)

엔터테인먼트, 가사지원, 방범, 이벤트와 같은 서비스 분야에 로봇이 활용되기 시작.

1) 1996년 : 일본 혼다사 최초의 자율형 2족 보행 로봇 P2개발

2) 1997년 : 한국 과학기술연구원 한국 최초 보행 로봇 '센토' 제작

3) 1999년 : 일본 소니사 애완용 로봇 '아이보' 개발

4) 2000년 : 일본 혼자사 2족 보행 로봇 '아시모' 개발

5) 2001년 : 한국 과학기술원 감정표현이 가능한 로봇 '아미' 개발

6) 2002년 : 스티븐 스필버그의 영화 A.I

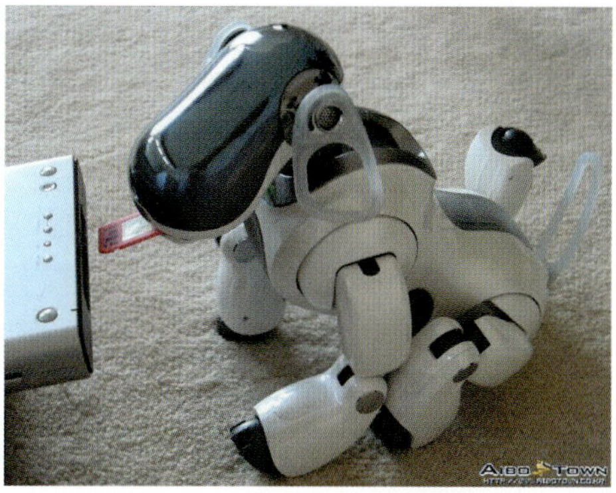

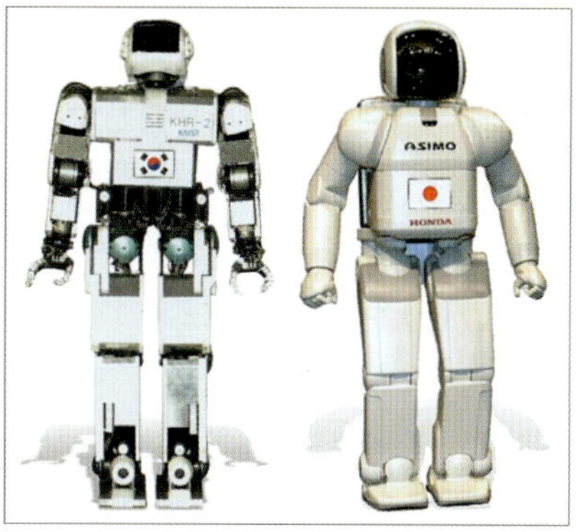

[그림 5] 아이보, 아시모 와 KHR-2

라. 지능형 로봇시대

인공지능이 도입되어 로봇이 스스로 판단하고 행동하는 미래

2004년 : KAIST에서 한국형 휴먼로봇 '휴보' 개발

[그림 6] 휴보2 - 아인슈타인 휴보

3. 로봇의 쓰임새

현재 로봇은 다양한 곳에서 사용되고 있습니다.

가. 산업용 로봇

공장등에서 사람대신 힘들고 어려운 일을 대신해 주는 로봇

나. 의료용 로봇

병원에서 수술을 도와주거나 몸이 불편한 사람을 도와주는 로봇

다. 탐사용 로봇

사람들이 갈 수 없는 곳, 위험한 곳에 대신 갈 수 있는 로봇

[그림 7] 탐사용 로봇

라. 서비스용 로봇

집안일을 하는 등 일상의 여러 가지 일을 도와주는 로봇

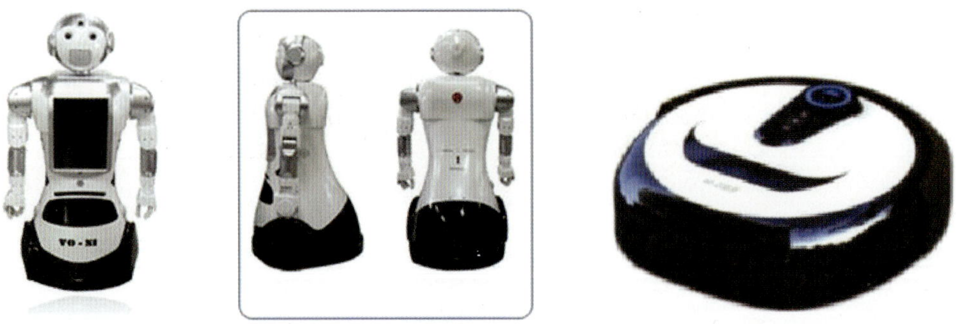

[그림 8] 교사 보조 로봇 및 청소기 로봇

마. 놀이용 로봇

아이들과 놀아주는 애완용 로봇

바. 군사용 로봇

전투임무를 수행하는 로봇

[그림 9] 감시 경계 로봇

chapter 2 로봇조립 및 소프트웨어 설치

날 짜	학 년	반	번 호	이 름
20___년 ____월 ____일				

Ⅰ. 학습목표

가. 로봇에 대한 기본 개념을 이해한다.

나. 정확한 로봇조립을 하며, 하드웨어 기본 구성개념을 이해한다.

Ⅱ. 준비물

프로레이서 1세트, PC, 건전지(AAA) 6개

Ⅲ. 학습내용

1. 로봇 조립하기

가. 로봇 몸체 구성 시 유의할 사항

1) 무게 중심

라인트레이서를 제작할 때 가장 중요한 것 중에 하나가 무게 중심입니다. 무게중심은 어떤 형태이든 회전축에 생기도록 만들어야 합니다. 일반적인 라인트레이서는 2개의 바퀴로 움직이므로 회전축은 양쪽 바퀴의 중심과 중심을 연결한 선의 가운데가 됩니다. 물론, 이 경우는 회전 시 좌,우측 바퀴가 서로 반대로 회전할 경우고 실제로 주행할 경우는 이 기준점으로부터 조금씩 이동할 수 있습니다. 또, 한쪽 바퀴를 정지하여 회전할 경우는 정지한 바퀴가 회전축이 됩니다.

[로봇의 회전축]

이는 만드는 형태와 펌웨어의 회전부분 소스와의 차이로 달라 질 수 있으니 잘 체크해야 합니다. 혹 무게중심을 이 위치에 잘 맞출 수 없으면 납이나 추 등을 이용하는 것도 좋습니다. 그리고 당연히 저중심으로 설계해야 합니다. 중심이 낮게 깔리게 되면 특히 회전 시에 매우 안정적인 모습을 볼 수 있습니다.

2) 바퀴와 바퀴사이의 거리

바퀴와 바퀴사이의 거리	속도	안정성
넓다	저속에 적합.	좋아진다.
좁다	고속에 적합.	나빠진다.

3) 구동축과 센서와의 거리

구동축과 센서와의 거리	회전반경	라인이탈의 정도
넓다	넓어진다.	적어진다.
좁다	좁아진다.	많아진다.

센서와의 간격이 넓다고 해서 센서의 감도 자체가 좋아지는 것은 아닙니다. 곡선부를 미리 파악하여 미리 동작하기 때문에 라인을 읽는 정확도가 증가하는 것처럼 보이는 것인데 이는 '추정감지능력 향상'이라고 볼 수 있습니다.

4) 타이어(바퀴패드)

라인트레이서 모델 제작 시 매우 중요하게 요구되는 부분입니다. 높은 마찰력은 필수로 있어야 하며, 오랜 주행에도 먼지가 들러붙지 않는 재질이어야 합니다. 경우에 따라서는, 적당히 푹신푹신하여 정확한 제동과 출발보다 약간의 시간차가 있는 제동과 출발이 더 좋은 경우도 있으므로 대회규정에 잘 맞춘 타이어는 필수입니다.

나. 기본형 모델 조립

1. 센서보드와 메인보드의 결합을 위해 8홀 프레임 2개를 준비합니다.

2. M3(6mm) 볼트와 M3 너트를 이용하여 그림과 같이 8홀 프레임을 결합합니다.

3. 양쪽 모두 조립2번과 같은 방법으로 조립합니다.

4. 8홀 프레임에 M3(6mm)볼트 M3너트를 이용하여 센서보드를 조립합니다.

5. R250 DC모터를 M4(25mm)볼트 M4너트를 이용하여 조립합니다.

6. 빨강 휠에 라텍스패드를 그림과 같이 감습니다. (일반 중간바퀴의 경우 이 과정이 필요없습니다)

7. 완성된 바퀴를 모터 축에 결합합니다.

8. 센서보드와 메인보드를 10핀 케이블로 연결합니다.

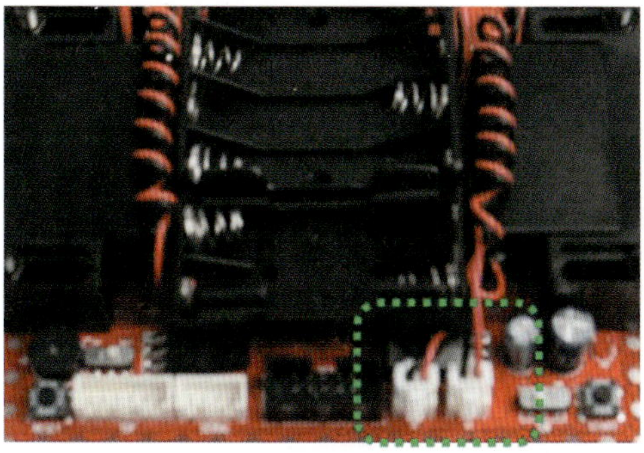

9. 양면테이프를 사용하여 배터리케이스를 그림과 같이 연결합니다. (2구+4구=9V)

10. 리튬전지 사용시 그림과 같이 전원커넥터에 점퍼를 결합합니다.

11. 모터를 극성에 맞게 연결하면 완성.

2. 소프트웨어설치하기

소프트웨어를 설치할 때는 특별한 경우가 아닌 경우, 설치경로를 바꾸지 않는 것이 좋습니다. 설치파일은 보통 CD안에 '설치프로그램' 폴더 안에 있습니다. 자세한 설치과정은 역시 CD안의 "가이드북"폴더의 소프트웨어 설치하기 파일을 참조바랍니다.

가. AVR Studio4

시뮬레이션/에뮬레이션 프로그램으로 ATMEL사의 AVR용 통합 환경의 개발프로그램입니다. C프로그램을 작성하기 위해 설치합니다.

1) 실행파일(2_AvrStudioSetup.exe) 더블클릭
2) 설치 시작 알림 - Next
3) 사용권 계약 동의 - I accept the terms of license agreement - Next
4) 설치 위치 선택 - Next
5) 구성요소 선택 - 체크박스 해제 - Next
   우리가 사용하는 것과 다른 회사제품의 USB Downloader Driver입니다. 체크하신 후 설치되어도 사용하지 않는 소프트웨어가 설치되는 것일 분 문제는 없습니다.
6) 설치 - install
7) 설치 중
8) 설치완료 - Finish
   ※ Window7 사용자의 경우 AVRStudio4.18SP1.exe를 추가 설치합니다.

나. winAVR

GNU C 컴파일러로서, AVR Studio4에서 Build 명령을 내리면, 연동하여 실행되며, AVR Studio4에서 작성된 C프로그램을 MCU에서 실행 가능하도록 헥사파일(.hex)로 만들어 주는 역할을 합니다.

1) 실행파일(WinAVR.exe) 더블클릭
2) 언어 선택 - korean
3) 설치시작 알림 - 다음
4) 사용권 계약 동의 - 동의함
5) 설치 위치 선택 - 다음
6) 구성 요소 선택 - 체크박스 모두 선택(이미 선택되어져 있습니다.) - 설치
7) 설치 중
8) 설치완료 - 마침
9) 설치 후 영문 User Manual 창 자동으로 뜹니다. - 닫기

다. USB Downloader Driver

USB Downloader를 사용하기위한 드라이버입니다.

1) 실행파일(CP210xVCPInstaller.exe) 더블클릭
   다운로더 드라이버 폴더 안에 있습니다.
2) 설치시작 - install
3) Scanning
4) Success - 확인
5) Computer에 USB Downloader 연결
   가) 새 하드웨어 발견 - CP2102 USB to UART Bridge Controller
   나) 새 하드웨어 발견 - Silicon Laps CP210x USB to UART Bridge
   다) 새 하드웨어 발견 - 새 하드웨어를 설치했으며 사용할 준비가 되었습니다.
6) 제어판 -> 시스템 -> 장치관리자 -> 포트에서 포트번호 확인
   가) 포트번호는 COM9까지 지원
   나) 포트번호가 COM9이상일 때 포트 번호 바꾸기

-. 장치관리자 - 포트 - Silicon Laps CP210x USB to UART Bridge (COM~)

-. 마우스 우클릭 - 속성

-. 포트설정 탭 - 고급

-. 좌측하단 COM 포트번호(p):에 COM1~COM9 중에서 선택 (사용 중으로 표시된 것은 선택하면 안 됩니다.)

※ Window7 사용자의 경우 Window7용 드라이버를 설치합니다.

※ 소프트웨어는 업그레이드 될 수 있습니다.

chapter 3 펌웨어 구성 및 기본 함수

날 짜	학 년	반	번 호	이 름
20___년 ____월 ____일				

Ⅰ. 학습목표

가. 프로그램언어에 대한 기본 개념을 확립한다.

나. 펌웨어 구성 및 기본 함수 선언에 대해 이해 한다.

Ⅱ. 준비물

프로레이서 1세트, PC, 건전지(AAA) 6개

Ⅲ. 학습내용

1. 프로그램의 기본 개념

가. 프로그램이라는 것은 새로운 언어를 배우는 것이다.

우리는 조금 뒤부터 로봇에게 명령을 내리게 됩니다. 로봇에게 명령을 하기 위해서는 로봇과 소통할 언어를 배워야 합니다. 로봇이 사용하는 언어를 기계어[1]라고 한다면 이 기계어를 배워야 합니다. 그런데 이 기계어라는 것이 단순하면서도 구분이 어려워 이해하기 쉽기 않아 읽기도, 쓰기도 매우 어렵습니다. (처음에는 모두 이 기계어로 컴퓨터에게 명령을 하였으며 제1세대언어라고 부릅니다.)

---

1) 컴퓨터가 직접 읽을 수 있는 2진 숫자(0과 1)로 이루어진 언어로 이는 프로그래밍 언어의 기본이 된다. 프로그래머가 만들어 낸 프로그램은 어셈블러(assembler)와 컴파일러(compiler)를 통하여 기계어로 번역되어야만 컴퓨터가 그 내용을 이해할 수 있다.

그래서 이 기계어를 직접 읽고 쓰는 것이 어렵기 때문에 기계어를 기호화(제2세대언어) 하거나 자연어(우리가 사용하는 언어)에 가깝게 수준을 높여 사용하기 쉬운 언어(제3세대 언어)들을 만들어 이 언어를 배우고 로봇에게 알려줄 기계어는 별도의 변환장치를 통해 변환하여(번역하여) 알려주게 됩니다. 현재에는 제4세대언어로 불리는 더욱 쉬운 언어들이 앞다투어 나오고 있습니다. 이렇게 사용되는 언어를 우리가 프로그래밍 언어라고 부릅니다. 대표적으로는 포트란, 코볼, 비쥬얼베이직, C, 자바스크립트 등등 있습니다.

나. 프로그래밍 언어의 구성

C는 'C표준라이브러리'를 사용하는데 이 'C표준라이브러리'라는 것은 헤더파일과 라이브러리 루틴이 모여 있는 것이고, 헤더파일은 컴파일러에 의해 다른 소스파일에 자동으로 포함된 소스 코드의 파일입니다.

이는 간단히 설명하자면 C를 사용하는 모든 사람들이 공통적으로 사용되는 것을 표준화하여 기본 언어를 사전처럼 지정해 놓았다고 생각하면 쉬울 듯 합니다. 즉, 우리가 if라는 구문을 사용하면 이 if를 컴퓨터에 알려주는 작업을 별도로 하지 않아도 되는 것입니다. 이런 기본적인 언어를 바탕으로 각각 스스로 더욱 우리 일상 언어에 가까우면서도 쉬운 새로운 단어들을 새롭게 조합해 가는 것이 프로그래밍이라고 할 수 있을 것입니다.

다. 프로그래밍의 순서

1) 프로그래밍언어로 명령어 작성 ←
2) 기계어로 변환
3) 로봇에게 다운로드 ─ (동작 오류 시 반복)
4) 동작
5) 완료

2. 펌웨어 살펴보기

가. AVR Studio4 실행 및 펌웨어 불러오기

1) CD에서 '실행프로그램' 폴더를 바탕화면에 복사합니다.)
2) AVR Studio4 실행

   시작 - 프로그램 - ATmel AVR Tools - AVR Studio4

3) Open

4) 바탕화면 – 펌웨어폴더 – 확장자가 *.aps인 파일 선택 (예를 들면 main.aps) – 열기

보통 폴더 속성에서 확장자를 많이 숨기는데 *.aps 파일을 찾기 어려운 경우 앞에 무당벌레 아이콘이 있는 파일을 선택하면 됩니다. 대부분 Open 창에는 파일형식에 *.aps를 지정하기 때문에 *.aps 파일만 보이는 경우가 많습니다. *.aps가 있는 폴더에는 'Defalt'라는 폴더가 더 있는데 이 폴더에 기계어로 변환된 *.hex파일이 생성되어 저장되게 됩니다.

나. 화면구성 보기

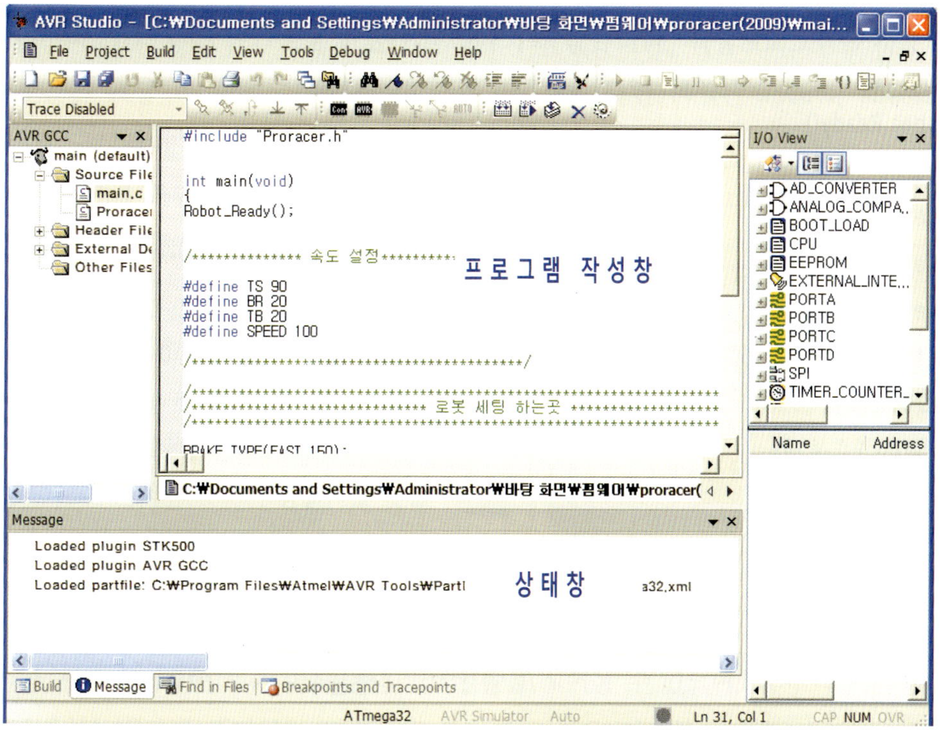

우리가 주로 사용할 창은 중앙부의 프로그램 작성창(처음 열었을 때는 화면 키우기 아이콘 클릭하여 확대하세요)과 하단에 각종 상태를 볼 수 있는 상태창입니다. 좌우 창은 각종 파일의 구성 상태를 보여주는데 지금은 일단 그냥 넘어 갑니다.

사용되는 문자는 대, 소문자를 구별하니 정확이 사용하여야 하며 작성된 프로그램의 윗줄부터 아래로 차례대로 읽어 나가게 됩니다.

main이라는 프로그램을 시작하겠으며, 그 내용을 { }안에 적겠다는 뜻입니다. 앞에 int는 정수값의 리턴 값이 있다는 뜻인데, return 0;의 역할은 main()함수가 정상적으로 종료됨을 의미하는 exit(0)을 호출하고 main()함수를 종료하게 합니다.(통상적으로 0이면 정상종료를 의미합니다.) 또, 대부분의 함수는 이런 형식으로 만들어 지게 됩니다.

여기서는 그냥 쉽게 시작하겠다 정도만 알면 될 것 같습니다.

3) Robot_Ready();

로봇 구동을 위한 기본내용을 세팅하라는 뜻인데 위처럼 함수를 새로 만든 것입니다.

실제내용은 아래와 같으며, 뒤에 상세히 다룰 예정이니 살짝 보고만 넘어갑니다.

로봇동작을 지시하는 명령어들이 매우 많습니다. 즉, 배울 것도 많습니다.^^

```
void Robot_Ready(void)
{
DELAY_INIT();
INTERRUPT_INIT();
MOTOR_INIT();
SERVO_ENABLE(1);
PORT_INIT();
ERROR(0,5000);
LINE_COLOR(BLACK);
TURN_SET(10,SIDE);
FM_SET(0,0);
BM_SET(0,0);
BOARD_VER(1);
ROBOT_SAVE(0);
SLOW_BRAKE(50);
AUTO_BUZZER(0);
GEAR_USE(0);
CROSS_SET(HIGH);
REVISION(0,0);
SERVO_INIT();
ADC_INIT();
}
```

4) 매크로 치환

#define를 이용하여 긴 명령어나 내용을 치환할 수 있습니다.

```
#define  A  B
```

간단히 A를 B로 인식하여라 라는 뜻인데 B는 어떠한 텍스트도 관계없으며 수식도 들어갈 수 있습니다. 이 치환방식으로 긴 함수를 줄이거나 많이 쓰이면서 자주 변경되는 단어나 숫자(속도, 브레이크 값 등)를 지정해 놓으면 매우 편리합니다.

```
#define TS 80    //턴 속도 조절(0~100)
#define BR 20    //브레이크 조절(0~50)
#define TB 20    //턴 브레이크 조절(0~50)
#define SPEED 80  //속도 조절(0~100)
```

속도조절함수에 쓰여 있는 이 부분을 보면 우리가 SPEED라고 적으면 컴퓨터는 SPEED라고 읽는 것이 아니라 80이라고 인식하게 됩니다.

5) 로봇 세팅 하는 곳

단어는 로봇세팅이라고 표현 했지만 실제로는 함수를 미리 써 주었을 뿐입니다. 로봇을 세팅하는 함수들은 위에서 본 Robot_Ready();라는 함수 안에 많이 있는데, **다른 함수들과의 차이점은 일단 쓰게 되면 다시 바꾸기 전까지는 다른 함수에도 지속적으로 영향을 미친다는 것**입니다. 이 부분도 뒤에 다시 다룰 예정이니 넘어갑니다.

```
BRAKE_TYPE(FAST,150);
MODE(FF);
DRIVE(2,1,0,-4,-9);
```

6) 주행함수시작 ~ 주행함수종료 (주석으로 표시한 곳)

로봇을 주행시키는 실질적인 함수를 적는 곳입니다.

7) END();

프로그램을 종료하는 함수입니다. 모터를 정지시키며, 주행 시간 측정을 위해 사용되는 함수의 종료 점을 나타내기도 합니다. 이 역시 보기만 하고 일단 지나갑니다.

```
void END(void)
{
    if(robot_time_set==1) EEPROM_SAVE();
    MOTOR_MOVE(0,0);
    //(void)(*reset)();
}
```

3. 자동주행함수

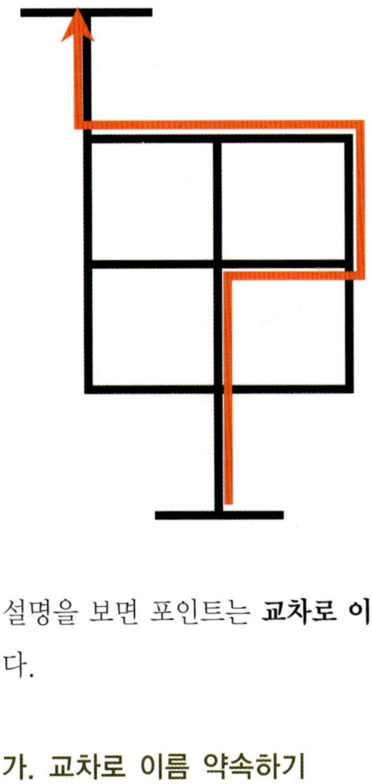

좌측의 길을 보통 사람에게 설명하라고 하면 아래와 같이 할 수 있습니다.

길을 따라가다가 ┼교차로를 만나면 앞으로
계속 따라가다가 ┼교차로를 만나면 오른쪽
계속 따라가다가 ┬교차로를 만나면 왼쪽
계속 따라가다가 ┐교차로를 만나면 왼쪽
계속 따라가다가 ┤교차로를 만나면 앞으로
계속 따라가다가 ┬교차로를 만나면 오른쪽
계속 따라가다가 ┬교차로를 만나면 정지

설명을 보면 포인트는 **교차로 이름**과 이 교차로에서 향하여야 할 **방향**임을 알 수 있습니다.

가. 교차로 이름 약속하기

위에서 존재하는 교차로 종류는 총 6가지입니다.

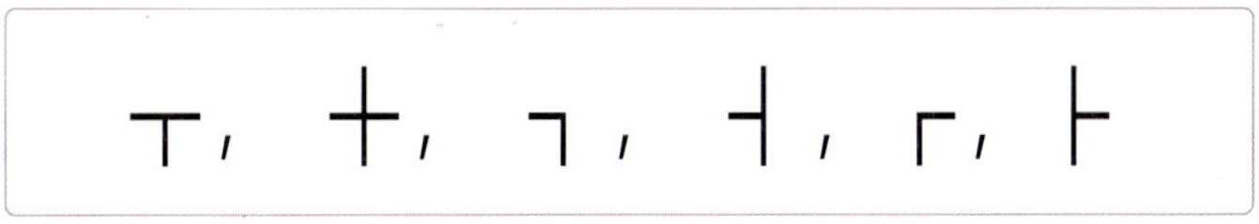

교차로를 로봇이 지나친 후에 어떤 교차로인지 알면 이미 늦기 때문에 아래와 같이 3가지로 구분할 수 있습니다.

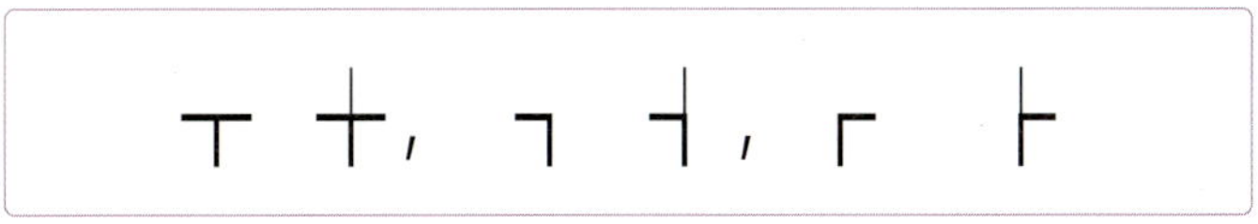

여기서 또 다시 묶어 보면 로봇이 진행하다가 길이 양쪽으로 나뉘는 경우와 왼쪽이든 오른쪽이든 한쪽으로만 길이 있는 경우로 나눌 수 있게 됩니다. (이후, 왜 이렇게 나눌 수 있는지 자세히 다루게 됩니다.)

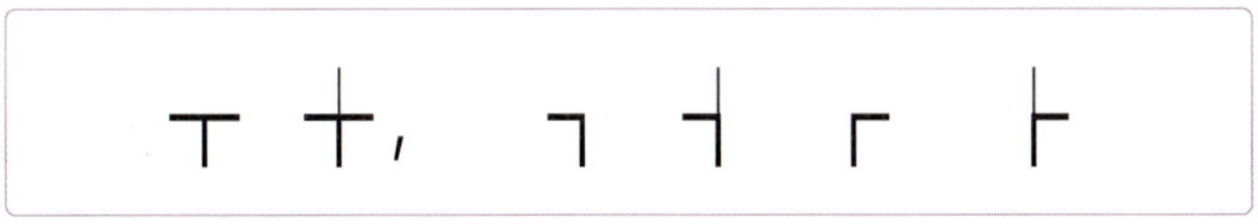

자 이제 이 2가지로 구분되어진 교차로에게 '광명사거리' 처럼 이름을 붙여 보겠습니다. 우리는 영어를 사용할 것이고, 대문자를 사용할 것입니다. (AVR Studio4는 대소문자를 구별합니다.)

그럼 자연스럽게 왼쪽은 'T', 오른쪽은 약간은 어거지스럽지만 'F'라고 이름을 붙여줄 수 가 있습니다.

그럼, T교차로와 F교차로의 실 예를 들어 보겠습니다.

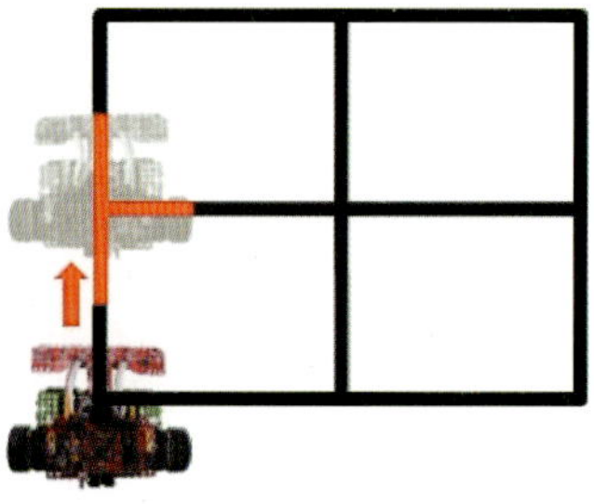

교차로 타입 : F

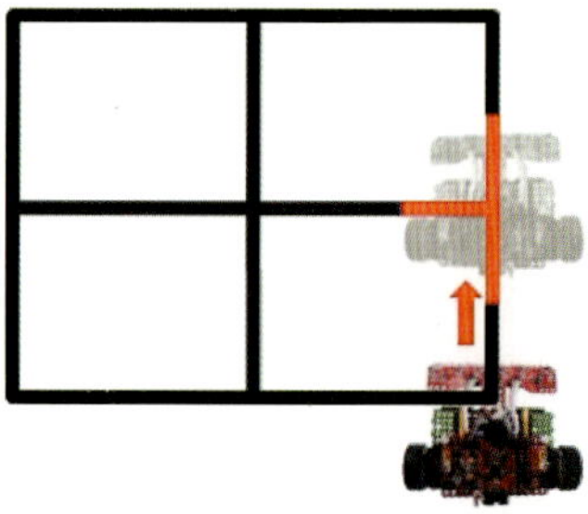

교차로 타입 : F

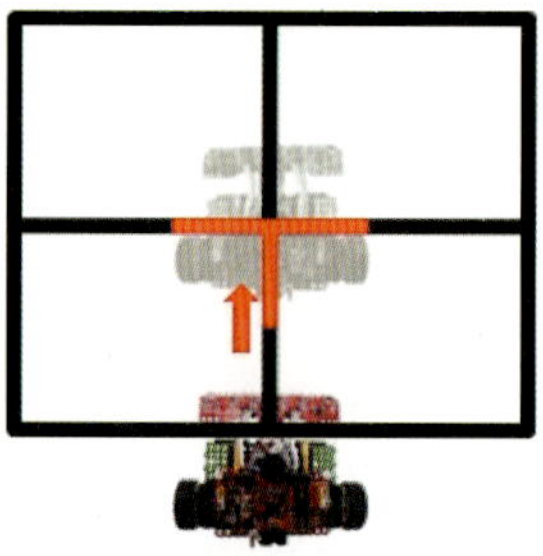

교차로 타입 : T

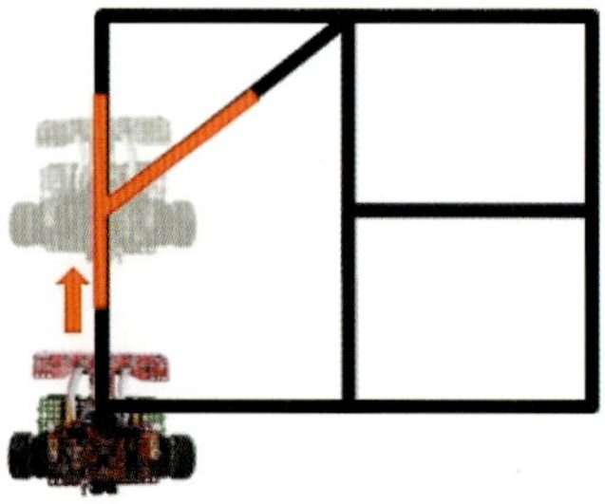

교차로 타입 : F

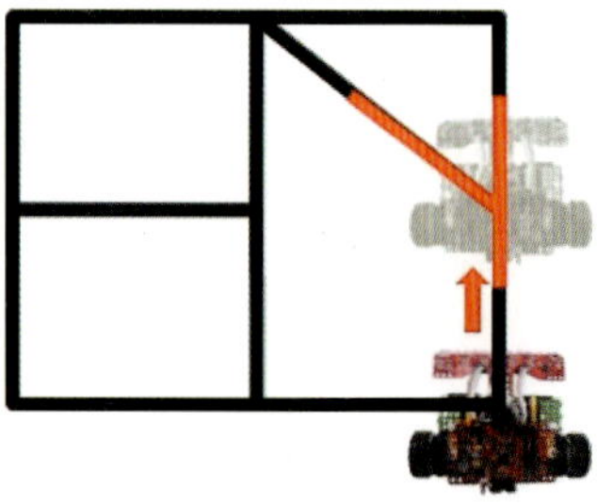

교차로 타입 : F

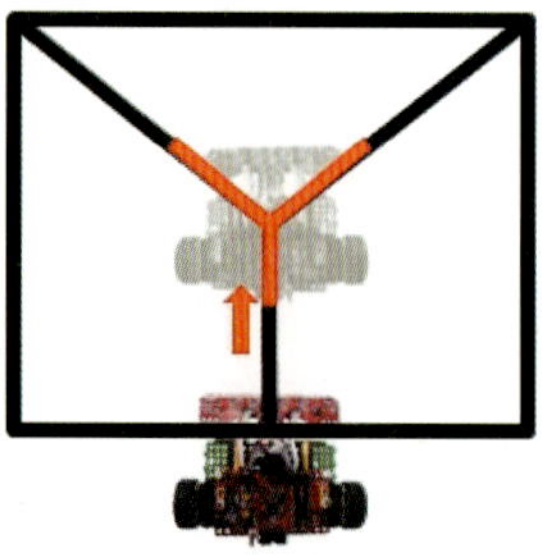

교차로 타입 : T

나. 방향 이름 약속하기

방향은 쉽게 앞, 오른쪽, 왼쪽으로 구분할 수 있습니다. 역시 영어 대문자를 이용하여 방향의 새로운 이름을 붙여주면 아래와 같이 약속 할 수 있습니다.

오른쪽은 'R'
왼쪽은 'L'
앞은 'G' 와 'S'

앞이 'G'와 'S' 두 가지인 이유는 교차로에서 앞을 향하였을 때의 상황이 2가지로 나누어지기 때문인데 이후 계속 진행할 경우와 그렇지 않고 정지할 때가 그것입니다. 'G'에는 특수한 기능을 추가하였는데 'G'를 쓰게 되면 브레이크 값을 써도 컴퓨터가 브레이크 값을 0으로 인식하도록 만들어 놓았습니다. 이는 이후 계속 진행할 것이므로 브레이크를 걸지 않고 계속 진행하는 것이 당연하기 때문입니다. (즉, BR값이 0인 경우는 G와 S는 같은 역할을 하게 됩니다.)

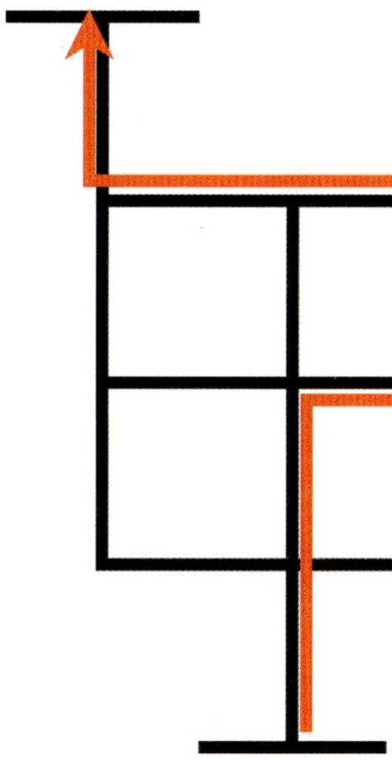

```
GT; // 선을 따라가다가 T를 만나면 앞
RT; // 선을 따라가다가 T를 만나면 오른쪽
LT; // 선을 따라가다가 T를 만나면 왼쪽
LF; // 선을 따라가다가 F를 만나면 왼쪽
GF; // 선을 따라가다가 F를 만나면 앞
RT; // 선을 따라가다가 T를 만나면 오른쪽
ST; // 선을 따라가다가 T를 만나면 앞
       (브레이크를 걸고; 정지)
```

자 그럼 다시 위 맵으로 돌아가서 지금까지 우리가 약속한 교차로 명칭과 방향의 명칭으로 아래와 같이 다시 설명할 수 있을 것입니다.

프로레이서를 공부한 사람들은 앞으로 길을 물어보면 핸드폰 문자로 쉽게 길을 알려줄 수 있겠죠.^^

다시 한 번 정리하면 기본 주행함수의 기본은 아래와 같습니다.

길을 따라 진행하다가 ( ) 교차로를 만나게 되면 ( ) 방향으로 회전하라

즉, 회전하면 한 명령이 종료가 되는 것이고, 이 후 다시 출발하는 것은 다음 명령이 있기 때문입니다.

4. 주행 해보기

자, 그럼 이제 실전으로 들어가 다음 맵을 이동하여 보겠습니다. 기본설정은 기본형 모델에 배터리 SETTING 스위치를 6V로 놓았을 때입니다.

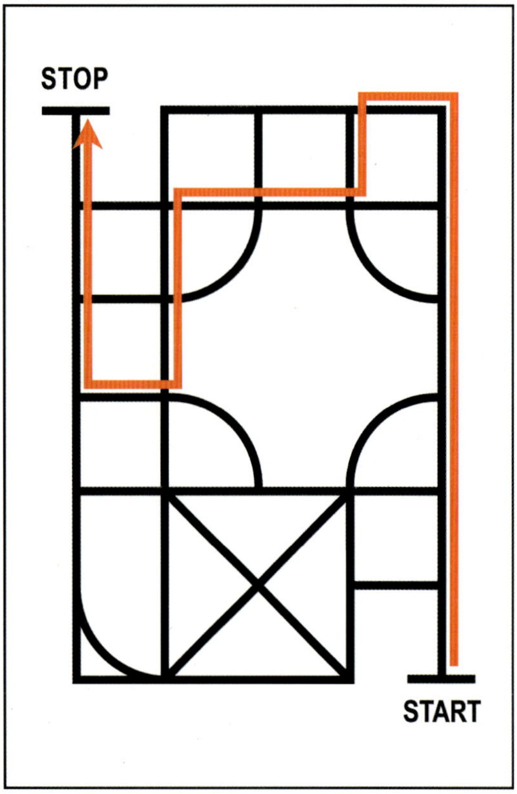

[풀이]

GF;
GF;
GF;
GF;
GF;
LF;
LF;
RT;
GT;
LT;
GT;
RT;
RT;
GF;
GF;
ST;

가. 프로그램 작성

```
#include "Proracer.h"

int main(void)
{
Robot_Ready();

/*    이제부터 시작이야~~      */

/************** 속도 설정*****************/
#define TS 50    //턴 속도 조절(0~100)
#define BR 0    //브레이크 조절(0~50)
#define TB 5    //턴 브레이크 조절(0~50)
#define SPEED 60  //속도 조절(0~100)
```

```
/********** 로봇 세팅 하는 곳 ***********/
BRAKE_TYPE(SLOW,170);

/***********  주행함수시작  ***********/
GF;
GF;
GF;
GF;
GF;
LF;
LF;
RT;
GT;
LT;
GT;
RT;
RT;
GF;
GF;
ST;

/***********  주행함수종료  ***********/
END();
return 0;
}
```

나. Build 하기

프로그램 작성까지 완료가 되면, 로봇이 인식할 수 있는 기계어로 변환해 주어야 합니다. 위에서(9페이지) 설명했듯이 변환된 기계어는 defalt 폴더 안에 *.hex파일(main.hex)로 자동 수정되어 저장되게 됩니다. 또한, 변환을 하면 모든 파일들이 자동 저장됩니다.

1) 변환하는 방법

가) 상단 Build 탭 클릭 - Build F7 클릭

나) 키보드 단축키 'F7' 키 누르기

다) Build 아이콘 클릭

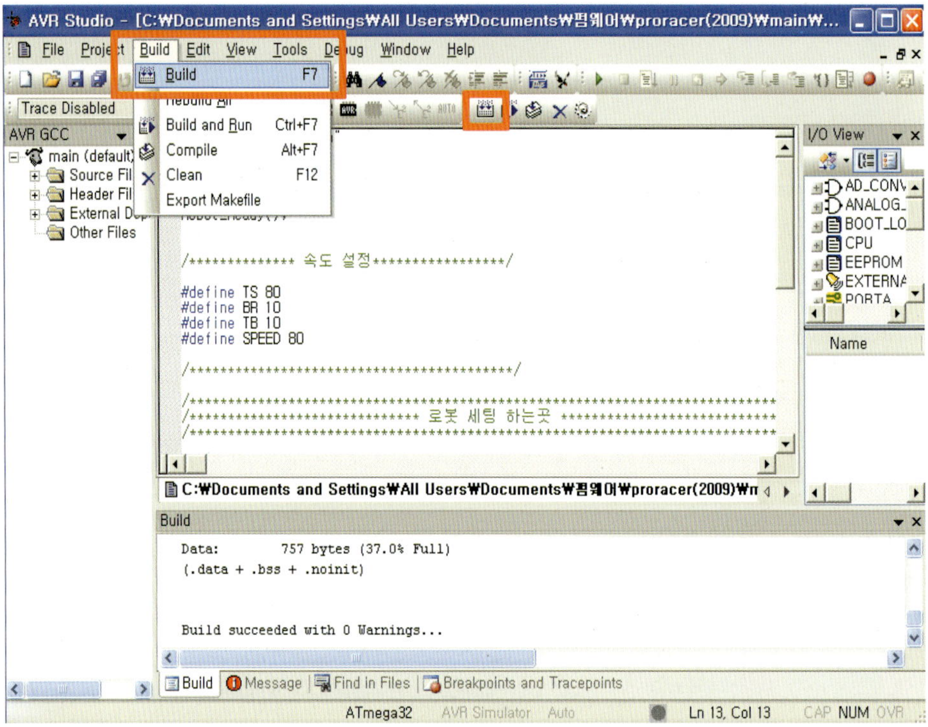

2) 확인하기

Build를 하게 되면 아래 상태창에 녹색램프가 들어오면서 정상적으로 Build되었는지 알 수 있게 됩니다. 만약 오류가 있을 경우는 노란색 또는 빨간색 램프가 들어오게 됩니다. 이때의 대처법을 배우기 위해 위에서 작성한 프로그램 중 마지막 ST; 를 St;로 변경 후 다시 F7키를 눌러 main.hex파일을 생성시켜 보겠습니다. 그럼 Build 창에 아래와 같은 메시지가 나오게 됩니다.

```
Build started 11.2.2010 at 12:47:48
● avr-gcc.exe -mmcu=atmega32 -Wall -gdwarf-2 -std=gnu99 -Os -funsigned-char
-funsigned-bitfields -fpack-struct -fshort-enums -MD -MP -MT main.o -MF
dep/main.o.d  -c  ../main.c
```

```
../main.c: In function 'main':
../main.c:43: error: 'St' undeclared (first use in this function)
../main.c:43: error: (Each undeclared identifier is reported only once
../main.c:43: error: for each function it appears in.)
make: *** [main.o] Error 1
Build failed with 3 errors and 0 warnings...
```

첫 번째 에러문구를 보면 "…/main.c 파일의 : 43번째 줄에 : error가 있습니다. 'St'는 선언되지 않은 함수입니다. (이 문법에 대한 첫 번째 오류메세지입니다.)" 라고 되어 있는 것을 보실 수 있습니다. 그럼 우리가 사용하고 있는 main.c 파일 맨 위부터 (#include~) 공백을 포함하여 세어 내려오면 43번째 줄에 오류가 있음을 확인 할 수 있습니다. 매번 이렇게 세기가 어려우므로 빨간색 램프를 더블클릭하면 바로 오류 지점으로 이동하게 되어 좀 더 쉽게 오류 지점을 찾을 수 있습니다.

컴퓨터는 알려준 문법과 단어만을 사용할 수 있으며, 사람처럼 유추하여 '아 대문자 T를 소문자 t로 잘못 썼구나' 라는 것을 기대하면 안 됩니다. 그렇게 유추하게 하려면 그 역시 컴퓨터에게 알려줘야 겠지요.^^

다시 'ST'로 수정한 후 Build를 다시 하겠습니다.

그럼 다시 예쁜 녹색램프와 함께 전혀 에러가 없다는 메시지를 보게 됩니다. 이 상태에서 또 다시 Build를 하게 되면 녹색램프는 없이 Build가 성공했다는 메시지만 나오게 됩니다.(교사의 경우 이것으로 학생의 로봇이 오동작을 할 경우 Build를 한 후 로봇에게 Download 했는지 확인 하는 체크리스트로 활용할 수 도 있습니다.)

```
Build
Build started 11.2.2010 at 13:16:10
avr-gcc.exe  -mmcu=atmega32 -Wall -gdwarf-2 -std=gnu99 -Os -funsigned-char -funsigned-bitfields
avr-gcc.exe -mmcu=atmega32  main.o Proracer.o     -o main.elf
avr-objcopy -O ihex -R .eeprom  main.elf main.hex
avr-objcopy -j .eeprom --set-section-flags=.eeprom="alloc,load" --change-section-lma .eeprom=0 -

AVR Memory Usage
----------------
Device: atmega32

Program:   12902 bytes (39.4% Full)
(.text + .data + .bootloader)

Data:        757 bytes (37.0% Full)
(.data + .bss + .noinit)


Build succeeded with 0 Warnings...
```

[Build 성공 메시지]

다. 다운로드 하기

1) 다운로드보드 로봇 메인보드와 연결하기

아래 사진처럼 연결합니다. (확인하기 쉽게 메인보드를 따로 하여 찍은 사진입니다^^)

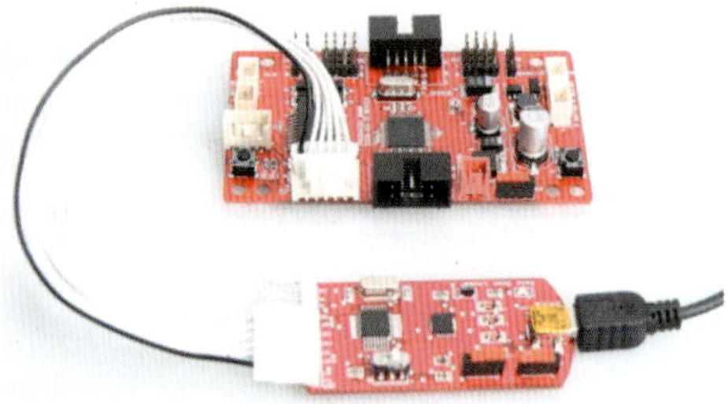

2) 다운로드보드 살펴보기

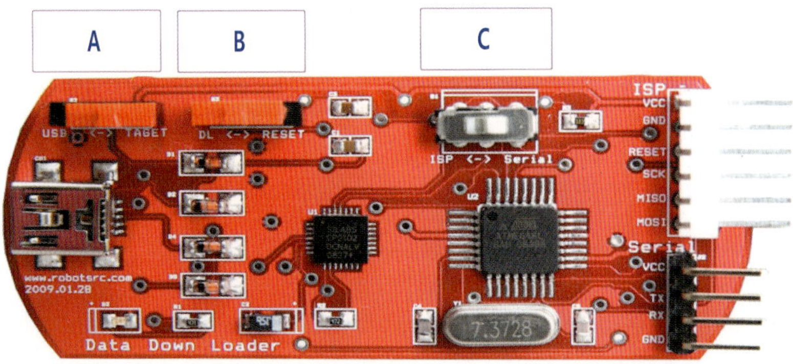

가) A 스위치 'USB ↔ TAGET'

다운로드를 진행할 때의 필요한 전원을 사용할 곳을 지정해 주는 곳입니다. USB는 컴퓨터 USB전원을 사용, TAGET은 로봇의 전원을 사용하겠다는 것입니다. 따라서 TAGET를 선택하면 다운로더를 연결한 후 로봇의 전원을 켜 주셔야 합니다. 로봇의 전원을 켜지 않아도 USB를 통해 흘러온 전류로 인해 메인보드의 전원램프(스위치 옆)가 흐리게 켜지는 데 이 부분과 혼동하지 말아야 합니다. (로봇의 전원을 켜면 전원램프가 밝게 켜집니다.)

나) B 스위치 'DL ↔ RESET'

DL은 DownLoad의 약자이고, RESET은 말 그대로 RESET입니다. 우리는 DownLoad를 해야 하므로 당연히 DL쪽으로 스위치를 이동합니다.

다) C 스위치 'ISP ↔ Serial'

통신방식으로 우리는 ISP방식을 사용합니다. 스위치를 ISP방향으로 위치합니다.

3) Connect

가) Tools - Program AVR - Connect 또는 Con 아이콘을 클릭합니다.

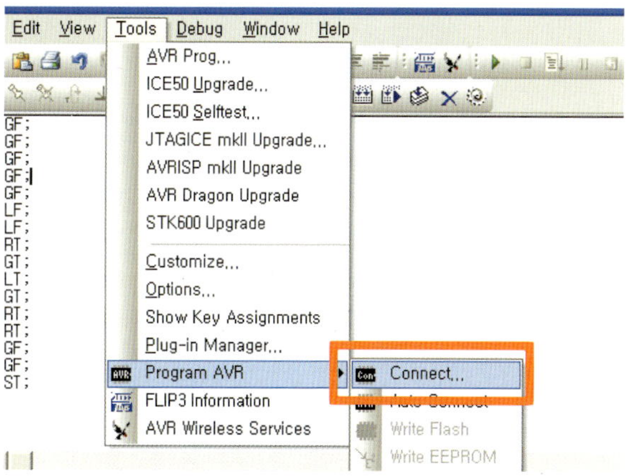

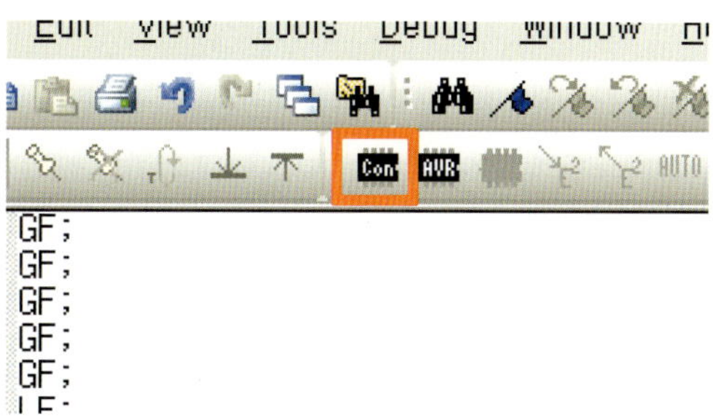

나) 포트를 선택한 후 connect 버튼을 클릭합니다.

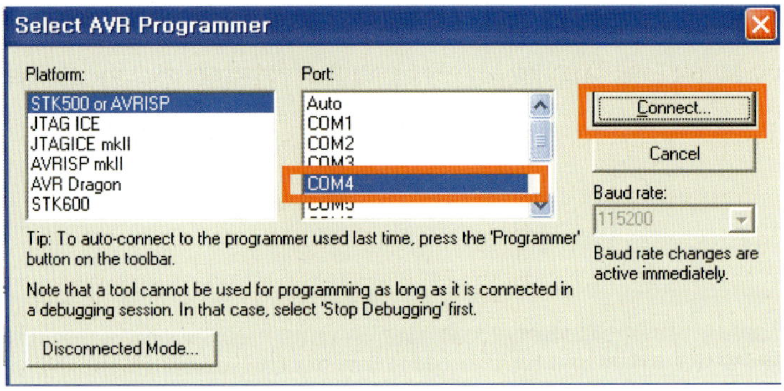

다) 취소버튼을 클릭합니다.

업그레이드를 하겠다는 내용입니다. 확인을 클릭하면 업그레이드 창으로 이동하게 됩니다. 현재 업그레이드가 필요한 상황이 아니므로 취소를 클릭합니다.

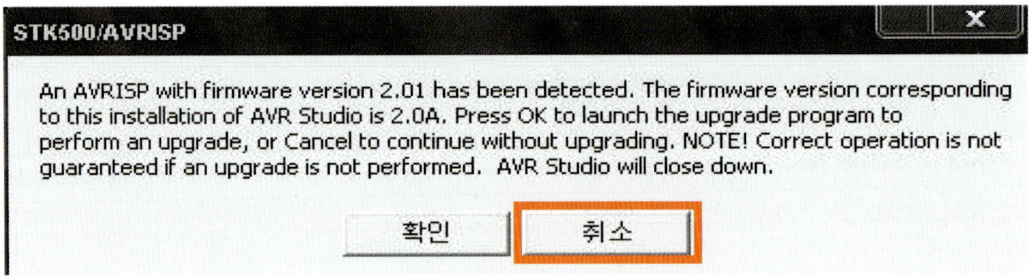

라) Main 탭을 클릭합니다.

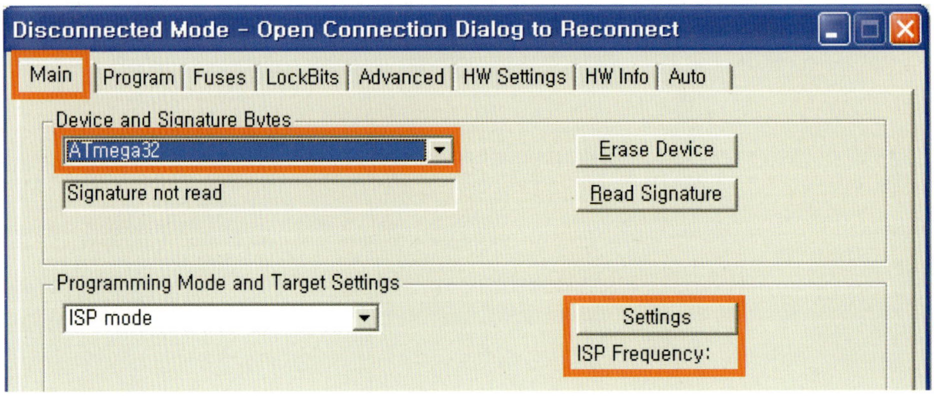

Device 가 ATmega32인지 확인합니다. (프로레이서 메인보드는 ATmega32를 사용합니다.) 우측아래에 'Settings'는 ISP Frequency를 조절할 수 있는 곳인데 다운

로드가 원활하게 되지 않을 경우는 매우 드물게 4.00kHz를 선택할 경우도 있습니다. 다운로드 오류창이 뜰 경우 Tip으로 이 내용이 표시될 경우가 있는데 보통은 USB Downloader를 재인식 시키는 것이 더 빠르고 확실한 조치가 됩니다.

마) Program 탭으로 이동합니다.

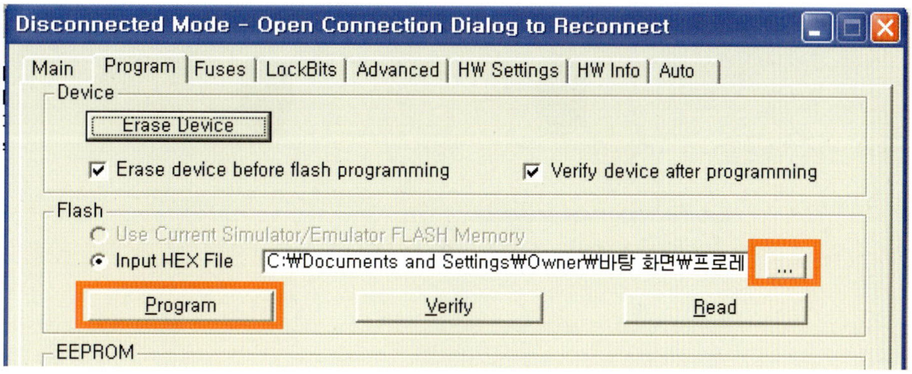

Input HEX File 안에 생성된 main.hex파일의 경로를 넣습니다. 옆에 ... 을 클릭하면 '열기' 창이 뜨는데 이때 main.hex 파일을 찾아주면 됩니다. main.hex 파일이 어디에 있는지는 이미 알고 있겠죠^^

경로가 설정되면 왼쪽 아래의 Program 을 클릭하면 로봇으로 프로그램이 전송되며, 좌측 하단부분에 전송상태가 파란색 Bar로 표시됩니다.

펌웨어가 여러 개 있어 확인이 어려울 경우는 아래처럼 프로그램 실행창 맨 위의 파란부분에 main.c 파일의 경로가 나와 있으니 이 경로의 defalt 폴더를 찾으면 됩니다.

바) 최초 다운로드 후에는 AVR 아이콘을 클릭하면 바로 업그레이드 확인/ 취소창으로 이동하며, 다운로드가 완료된 후는 다운로드창을 닫지 말고 최소화한 후 프로그램을 수정하고 Build 후 를 클릭하면 연결과정 없이 바로 다운로드가 진행됩니다.

라. 센서세팅하기

1) 적외선센서의 이해

대부분의 라인트레이서는 적외선센서를 사용하여 검은색과 흰색을 구별하게 됩니다. 프로레이서 역시 적외선센서가 7조 사용된 센서보드를 사용합니다.

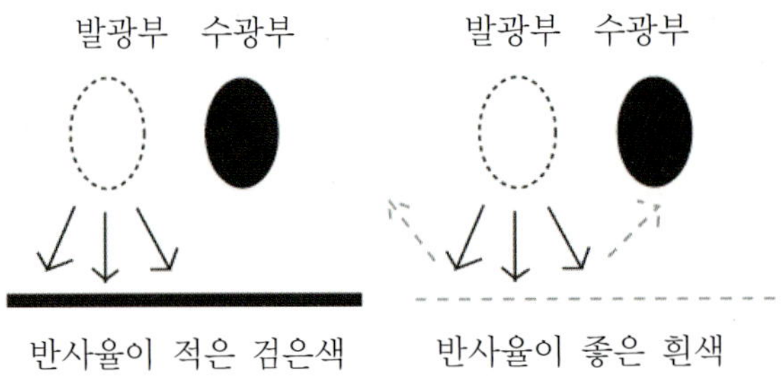

하지만 같은 검은색과 흰색이라도 경기장 재질과 진하기의 차이, 밝기 등으로 반사율이 차이가 생기며, 발광부에서 송출하는 적외선 이외에 외부에서 들어오는 적외선 등으로 인하여 센서인식의 오차가 생길 수 있습니다. 따라서 이를 대비하여 센서를 세팅해 주어야 하는데, 쉽게 이야기 하자면 로봇에게 안경을 맞추어 준다고 생각하면 됩니다.

아래 그림의 경우 각각의 수광부에 들어오는 적외선 량을 평균하면 (40+90)/2=65 기준 값을 65로 잡으면 매우 안정적으로 흰색과 검은색을 구분 할 수 있습니다. 그런데, 기준 값을 조절하는 것 보다 발광부에서 방사되는 적외선 양을 조절하는 것이 쉬워 대부분 발광센서에 가변저항을 달아 발광되는 적외선 량을 조절하게 됩니다.

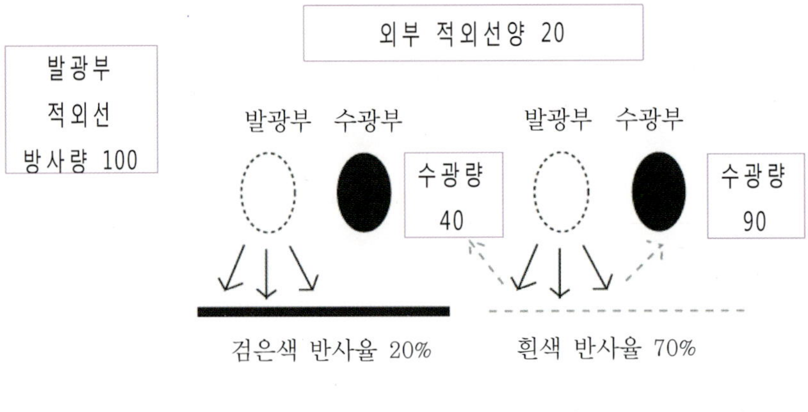

이걸 공식처럼 만들면 아래처럼 됩니다. 만약 기준이 50이라면 발광부의 적외선 량은 얼마가 될까요? 설명위한 것이니 설명을 위한 공식으로만 보세요^^

$$\text{발광부 최적 적외선 방사량} = \frac{\text{기준이 되는 적외선양}-(2\times\text{외부 적외선양})}{\text{흰색반사율}+\text{검은색반사율}}$$

2) 센서 세팅하기

예전에는 수동으로 각각의 가변저항을 조절하였으나 현재는 보통 자동으로 프로그램을 넣은 MCU를 장착한 센서보드를 대부분 사용하고 있습니다. 세팅하는 방법은 아래와 같습니다.

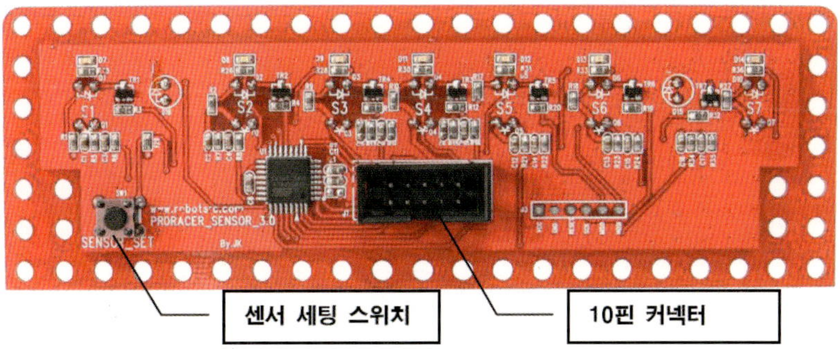

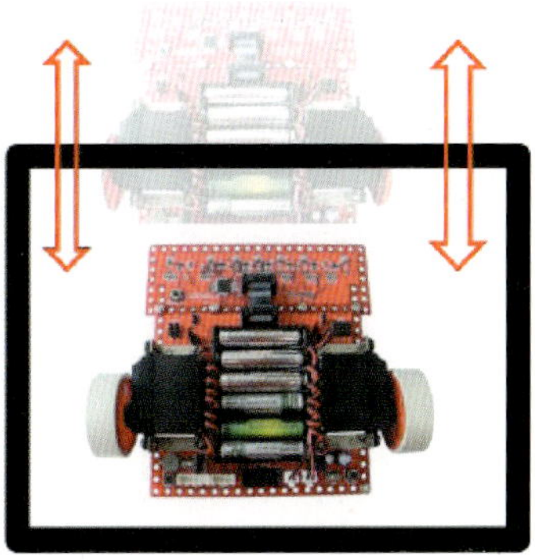

가) 로봇의 전원을 켜고 실 주행할 경기장위에 로봇을 내려놓습니다.

나) 센서보드 좌측의 누름스위치를 누릅니다. (파랑 LED 좌우로 점멸) 2010년형 센서보드는 로봇 'START' 스위치가 추가되어 있으므로 센서세팅 스위치를 선택하여 눌러야 합니다.

다) 로봇의 센서보드를 경기장 바닥에 닿은 상태에서 검은 선과 흰색바탕을 교차하여 2~3회 왕복 합니다.

라) 여전히 경기장 바닥에 놓인 채로 센서보드 좌측의 누름스위치(센서세팅 스위치)를 누릅니다. (파랑 LED 2회 점멸)

마) 경기장 위에서 검은색 라인에서 LED가 꺼지고, 흰색바탕에서 LED가 켜지는지 확인합니다.

바) 완료

마. 주행하기

1) 로봇을 라인 중앙에 위치시키기 위하여 S4번 센서만 LED가 꺼지고 나머지 센서는 LED가 켜지게 출발점에 놓습니다.
2) 메인보드의 'START' 누름스위치를 누릅니다.
3) 다시 동작시키기 위해서는 메인보드의 'RESET' 버튼을 누르거나 전원스위치를 껐다 켠 후 다시 'START' 누름스위치를 누릅니다.

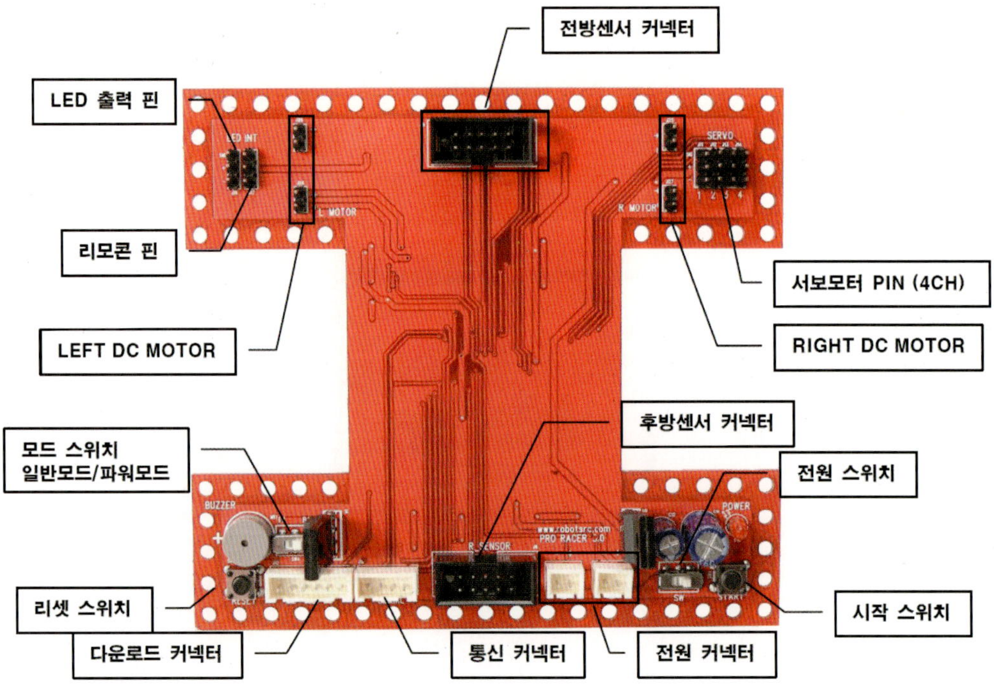

chapter 4 미션 수행하기

날 짜	학 년	반	번 호	이 름
20___년 _____월 _____일				

Ⅰ. 학습목표

가. 회전함수에 대하여 이해한다.

나. LED 및 BUZZER 를 동작 시킬 수 있다.

Ⅱ. 준비물

프로레이서 1세트, PC, 건전지(AAA) 6개

Ⅲ. 학습내용

1. 유턴하기

유턴을 하기위해서는 제자리에서 회전하는 명령어를 배워야 합니다. 제자리 회전 명령은 아래와 같습니다.

```
TR1; //제자리에서 오른쪽으로 검은 선을 1번 만날 때 까지 회전하여라
TR2; //제자리에서 오른쪽으로 검은 선을 2번 만날 때 까지 회전하여라
TL1; //제자리에서 왼쪽으로 검은 선을 1번 만날 때 까지 회전하여라
TL2; //제자리에서 왼쪽으로 검은 선을 2번 만날 때 까지 회전하여라
```

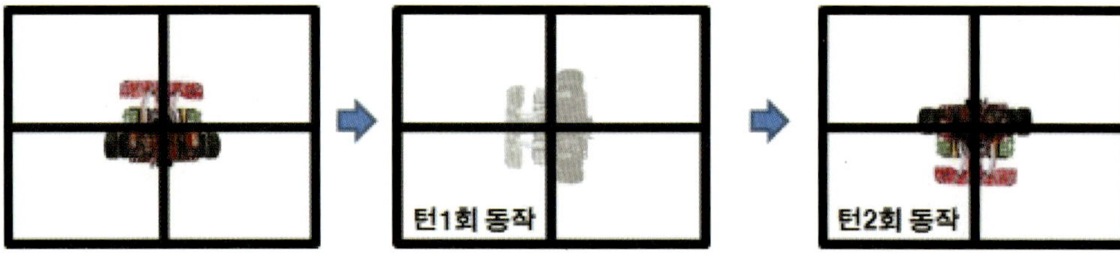

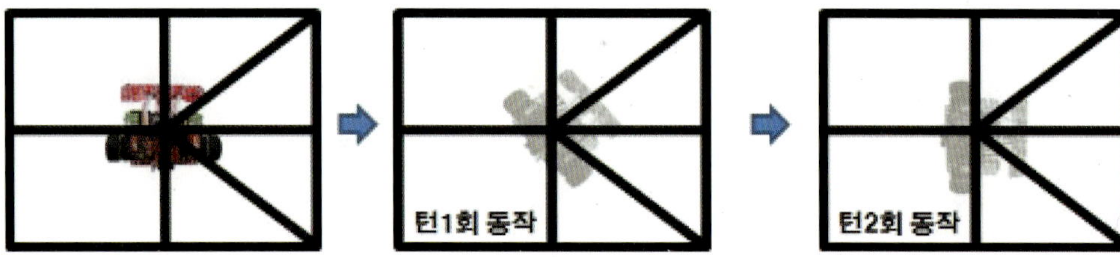

즉, 유턴은 교차로에 도착한 후 제자리에서 원하는 방향으로 턴을 하면 됩니다.

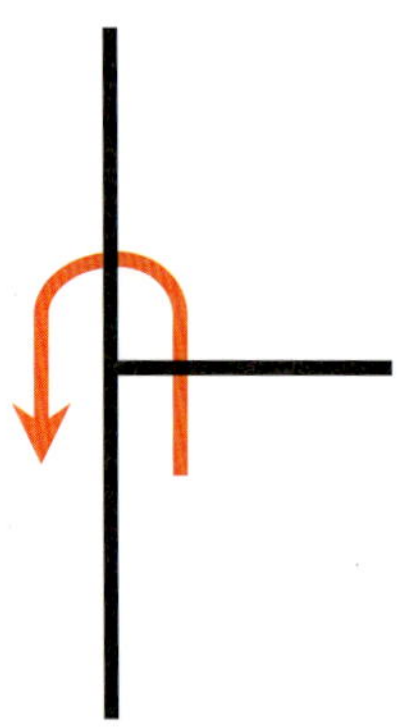

```
SF;
TR2;

또는

SF:
TL1;
```

이 외에도 위 구간에서 유턴을 할 수 있는 명령어는 무엇이 있을까요? 이미 눈치 빠르신 분은 알아채셨기 때문이지만 위에서 배운 RF;와 SF; TR1; 이 같음을 알 수 있습니다. 즉, 위 그림에서 LF; 라고 함수를 주어도 U턴을 하게 됩니다.

자, 그럼 아래 문제를 한번 풀어 볼까요?

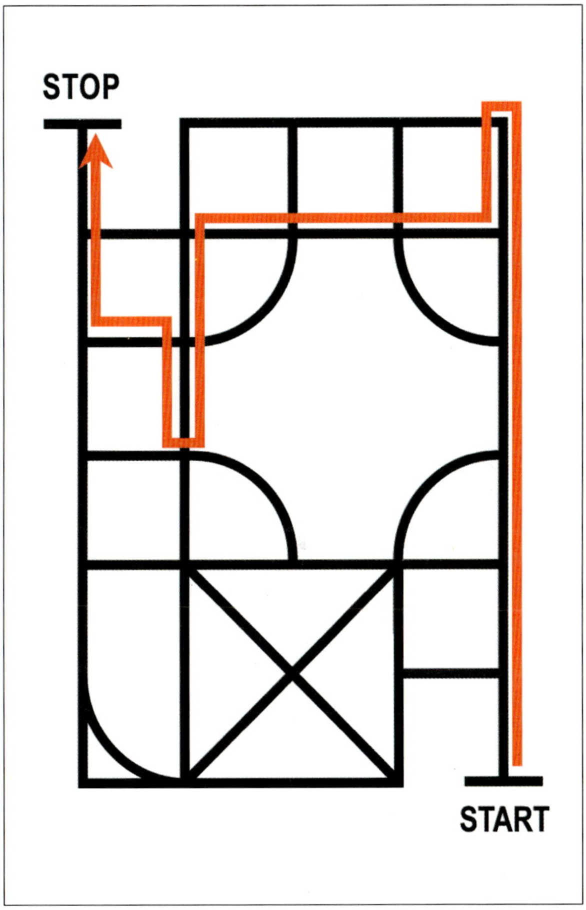

[풀이][2)]

2. LED 및 BUZZER 작동하기

가. 함수 설명

```
LED(횟수, 지속시간);
BUZZER(횟수, 지속시간);
```

2) GF; GF; GF; GF; GF; SF; TL2; //또는 TR1; RF; GT; GT; LT; GT; ST; TR2; //또는 TL2; LT; RT; GF; ST;

지속시간은 msec단위(1/1000초)를 사용합니다. 로봇은 주어진 명령을 다 수행한 후, 다음 명령을 수행하므로 LED나 BUZZER 명령을 수행하는 동안은 제자리에 서 있게 됩니다. 아래 예의 경우 로봇은 1.8초간 정지한 채로 LED를 점멸하게 됩니다.

ex) LED(3,300);

켜짐(0.3초)	꺼짐(0.3초)	켜짐(0.3초)	꺼짐(0.3초)	켜짐(0.3초)	꺼짐(0.3초)

부져울리는 구간에서 아래 두 명령의 차이는 무엇일까 생각해 보겠습니다.

[A]

```
LT;
BUZZER(2, 300);
```

[B]

```
ST;
BUZZER(2, 300);
TL1;
```

A의 경우는 라인을 따라가다 T교차로를 만나면 좌회전(왼쪽으로 돌다가 첫 번째 검정색을 만나는 경우)한 후, 부져를 울리고,

B의 경우는 라인을 따라가다 T교차로를 만나면 앞을 보고 정지한 후, 부져를 울리고 좌회전을 합니다.

즉, 회전하고 부져를 울리느냐, 부져를 울리고 회전하느냐의 차이가 생깁니다. 이 부분이 명확히 이해가 되면 점차 함수에 대해 적응이 되어가고 있다는 증거입니다.^^

나. 부져 및 LED 메인보드에 연결하기

LED와 BUZZER보드는 3Pin-3Pin 케이블로 메인보드와 연결하게 됩니다. 케이블 연결방향은 ▶표시가 있는 곳에 검정색이 연결되도록 하면 됩니다. 각각 [SIG] → 신호(노란색), [VCC] → + (빨간색), [GND] → - (검정색)을 나타냅니다. LED와 BUZZER 보드는 메인보드 양쪽이나 센서보드 양쪽 등 편리한 곳에 볼트와 너트를 이용하여 조립합니다.

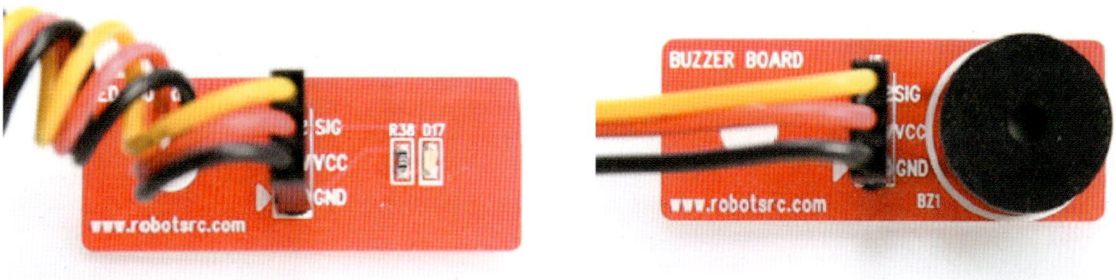

[출력보드 측 연결]

[메인보드 측 연결]

아래 문제를 풀어 봅니다.

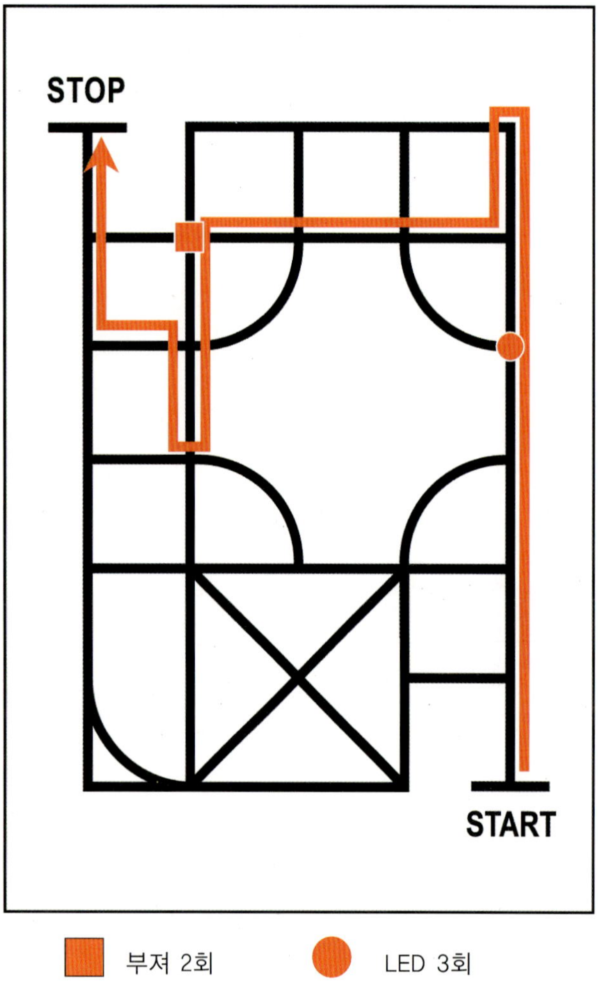

[풀이][3)]

3) GF; GF; GF; GF; LED(3,300); GF; SF; TL2; RF; GT; GT; LT; BUZZER(2,300); GT; ST; TR2; LT; RT; GF; ST;

chapter 5 **라인트레이서의 기본동작 원리**

날 짜	학 년	반	번 호	이 름
20____년 ____월 ____일				

Ⅰ. 학습목표

가. 센서입력 유무에 따른 모터 동작을 할 수 있다.

나. 라인트레이서 기본 동작 원리에 대해 이해한다.

Ⅱ. 준비물

프로레이서 1세트, PC, 건전지(AAA) 6개

Ⅲ. 학습내용

1. 기본 알고리즘

라인트레이서 경기장을 보면 흰색바탕에 검은색 라인으로 되어있습니다. (또는 그 반대) 따라서, 먼저 검정색과 흰색을 구분해야 합니다. 이 두 가지를 구별할 수 있는 센서로는 적외선센서가 가장 많이 쓰입니다. 수광부에 적외선이 들어오면 1, 들어오지 않으면 0이라고 가정하고 아래를 봅니다.

라인위의 센서위치	로봇의 위치	로봇이 받아들이는 신호	로봇의 동작	
○● ○● ○●	라인의 가운데	101	우측모터	빠른 회전
			좌측모터	빠른 회전
○● ○● ○●	오른쪽으로 조금 나감	011	우측모터	빠른 회전
			좌측모터	우측모터보다 느린 회전 또는 정지
○● ○●○●	오른쪽으로 많이 나감	111	우측모터	빠른 회전
			좌측모터	느린 회전 또는 역회전

위와 같은 알고리즘으로 라인트레이서는 라인을 따라다니게 되는데 좌, 우 모터의 회전수를 다르게 함으로써 로봇의 방향을 전환하는 것이 핵심입니다. 즉, 위와 같은 '경우의 수'에 대비한 명령을 미리 로봇에게 알려주면 로봇이 마치 라인을 보고 따라가는 것 같은 착각을 불러일으키게 되는 것입니다.

보통 라인트레이서는 2개조 이상의 센서만 있으면 라인트레이싱이 가능합니다. 하지만, 교차로를 인식하기 위해서는 라인트레이싱 이외에 교차로를 인식하는 센서가 필요합니다. 따라사 최소 4개 이상의 센서가 필요하게 됩니다. 많으면 많을 수록 더욱 정교한 주행이 가능하지만 보통 5~7개를 가장 많이 사용합니다.

2. DRIVE();

```
DRIVE( m_drive1, m_drive2, m_drive3, m_drive4, m_drive5);
```

우리는 위 함수를 이용하여 좌, 우 모터의 회전 차이를 조절하여 라인을 이탈할 경우 얼마나 빨리 혹은 느리게 라인으로 다시 들어오게 하느냐를 조정할 수 있습니다. 즉, 이 DRIVE(); 함수를 이용하여 곡선과 직선 등 여러 가지 라인의 형태에 로봇이 더욱 정확하게 이동하도록 도움을 주게 됩니다. 위에서 쓰인 m_drive1~5(모든 함수가 그렇듯이 알아보기 쉽게 m_drive라고 이름 붙인것 뿐입니다.)는 -9~9까지의 숫자로 표기되며 아래의 함수로 적용됩니다.

```
MOTOR_MOVE((speed/10)*m_drive1, speed);
```

이 숫자는 위 함수처럼 SPEED/10(백분율을 위해 10으로 나눈 것입니다.)에 곱해져서 로봇이 이탈한 반대쪽 바퀴의 SPEED를 결정하게 됩니다. 즉, 이탈하지 않은 쪽 바퀴속도의 몇%로 이탈한 쪽의 바퀴속도를 변경하느냐 라는 것입니다이죠. 말은 복잡하지만 그림을 보면서 이해하면 쉬우며 물론, 위 부분의 'MOTOR' 함수도 뒷부분에서 배우겠습니다. (궁금하신 분은 8장의 LINE 함수의 구성 예를 보도록 합니다)

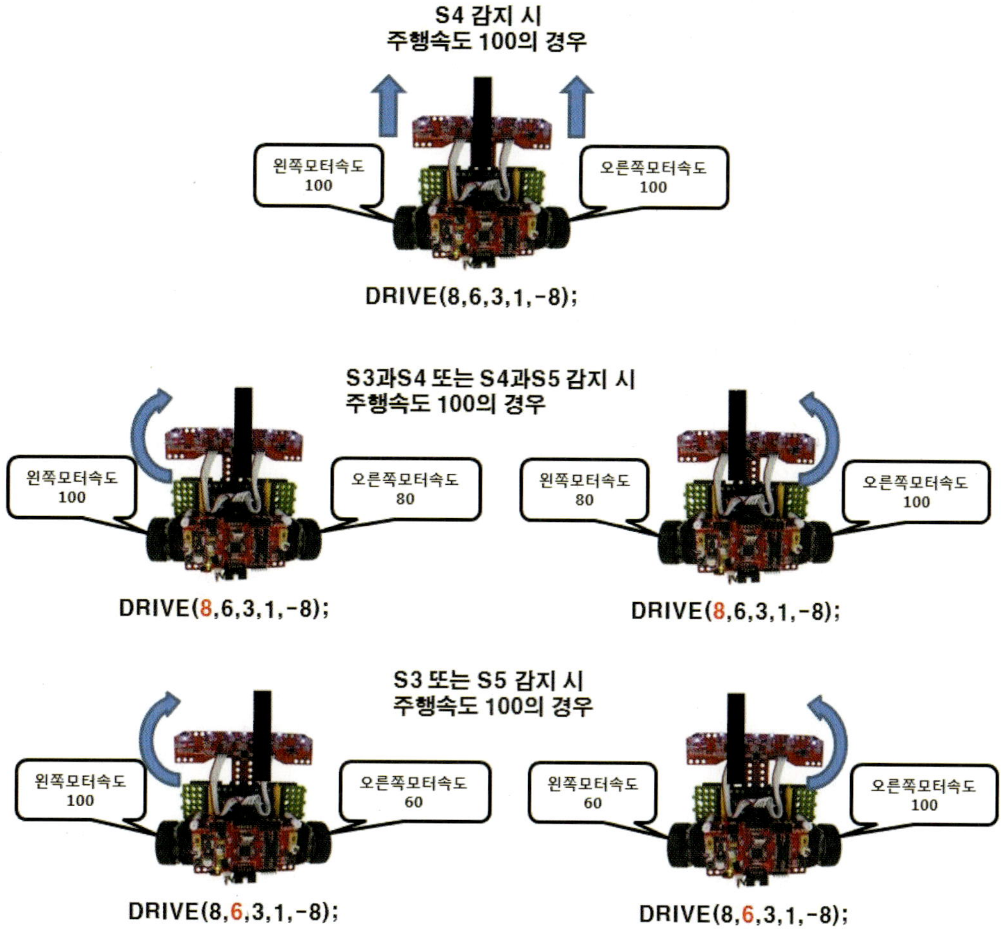

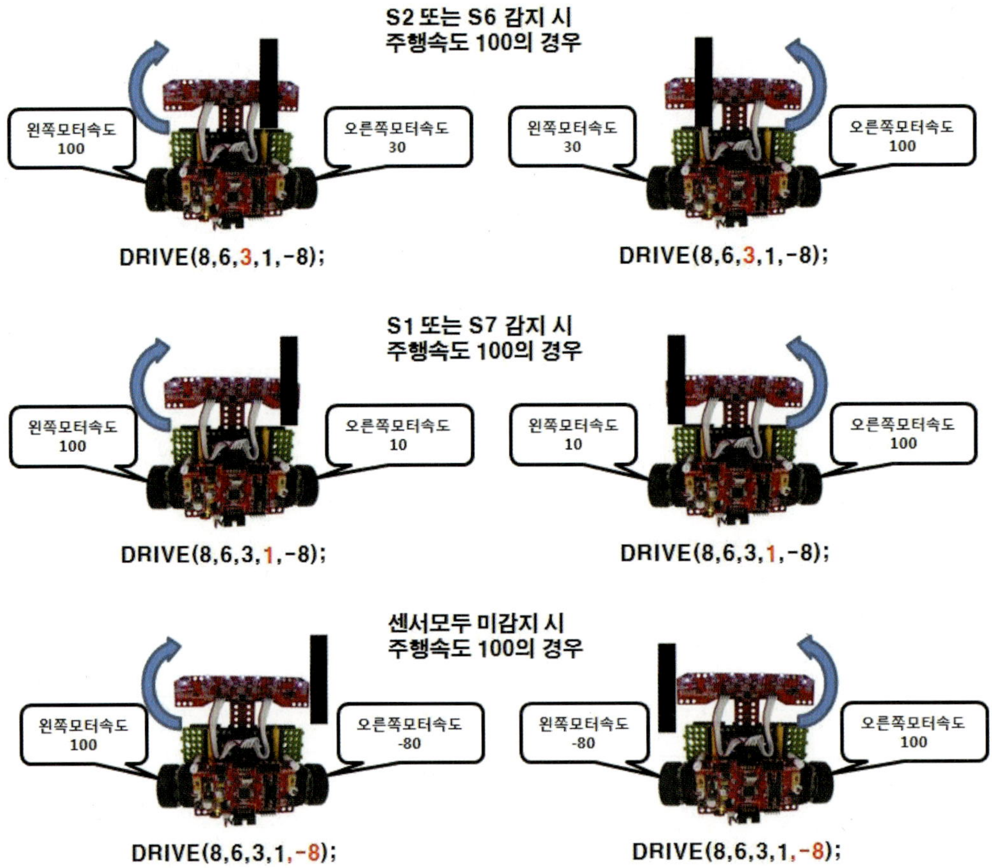

적용의 예는 매우 급한 곡선을 주행 할 경우는 로봇이 쉽게 이탈하므로 더욱 빨리 라인으로 복귀하도록 하고, 직선의 경우 로봇이 쉽게 이탈하지 않으므로 천천히 부드럽게 라인으로 복귀하도록 합니다.

직선라인의 경우의 예	DRIVE(5, 3, 0, -5, -9);
곡선라인의 경우의 예	DRIVE(3, 0, -5, -9, -9);

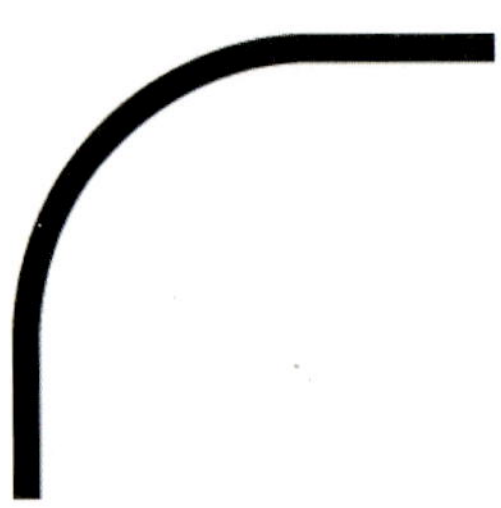

위 곡선의 경우 천천히 라인으로 복귀시킬 경우, F교차로가 될 수 도 있고 매우 빨리 라인으로 복귀시킬 경우는 교차로가 없는 직선처럼 로봇이 여길 수 도 있게 됩니다. 즉, 상황에 따라 교차로가 될 수도 있고 아닐 수도 있는데 이는 이후 교차로가 어떻게 구성되어졌는지를 배우게 되면 쉽게 알 수 있습니다.

아래 맵의 DRIVE함수를 바꾸어가며 로봇이 이동하는 모습을 관찰해 봅니다. 특히, 파란색부분에서의 로봇 주행 모습을 눈여겨봅니다. 또, 각각 SPEED를 50과 100으로도 조정한 후 차이점도 확인 합니다.

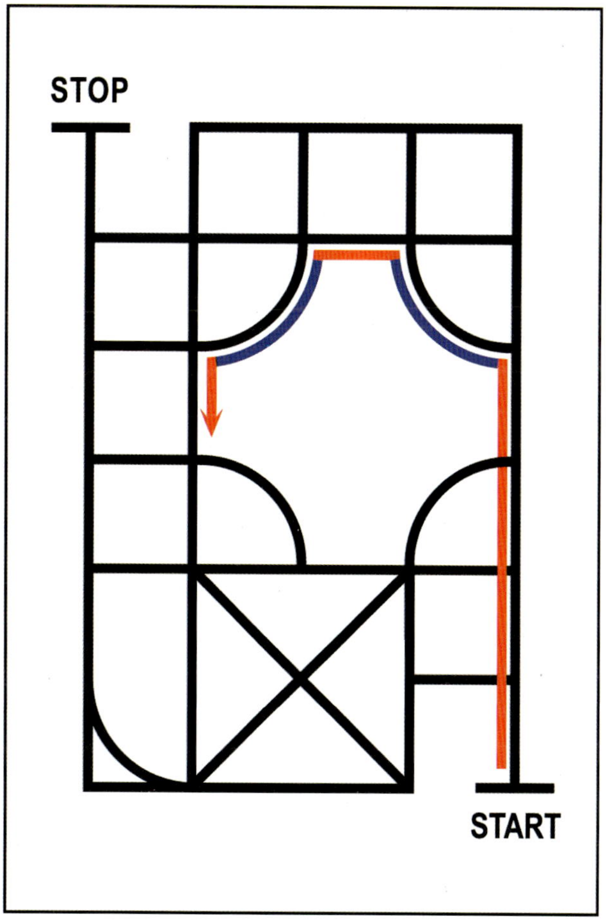

[풀이]

```
1. DRIVE(5, 3, 0, -4, -9);
   GF;
   GF;
   GF;
   LF;
   LT;
   LT;
   DRIVE(0, -5, -9, -9, -9);
   LT;
   ST;
```

지금까지 배운 것을 토대로 미션수행(LED 및 BUZZER 작동하기) 지점을 정하여 로봇을 이동시켜 봅니다.

chapter 6 주행 시 필요한 세부 조절 요소

날 짜	학 년	반	번 호	이 름
20___년 ____월 ____일				

Ⅰ. 학습목표

가. 로봇 구동에서 고려할 사항을 적용 및 조정한다.

Ⅱ. 준비물

프로레이서 1세트, PC, 건전지(AAA) 6개

Ⅲ. 학습내용

이제 로봇의 기본주행을 위한 방향과 교차로에 대한 기본 학습이 끝났습니다. 그런데 로봇이 더욱 멋들어지게 주행하기 위해서는 가장 중요한 방향과 교차로 이름이외에도 세부적으로 필요한 요소들을 알고 있어야 합니다. 대표적인 요소는 아래와 같습니다.

SPEED 주행속도 (이후 스피드)
BR 교차로 도착시의 브레이크 값 (BRAKE의 약자)
TS 회전하기 위한 속도 (TURN SPEED의 약자)
TB 회전을 마치기 위한 브레이크값 (TURN BRAKE의 약자)

이 값들은 한번 주어지면 주어진 이후 모든 주행함수에 적용이 되는데, 왜 그런지는 기본주행함수의 구성에 대하여 조금 더 세부적으로 해석해보면 쉽게 이해가 됩니다.

1. 자동주행함수

가. 자동주행함수

```
방향교차로이름;
```

```
길을 따라 진행하다가 (   ) 교차로를 만나게 되면 (   ) 방향으로 회전하라
```

⇓

```
GO(방향, 교차로이름, BR, TB, TS, SPEED);
```

```
SPEED의 속도로 라인을 따라가다가
(   ) 교차로를 만나면
BR만큼의 브레이크를 걸은 뒤(정지한 뒤)
(   ) 방향으로 TS의 속도만큼 회전하다가
검은 선을 한번 만나게 되면 TB만큼의 브레이크를 건다.(정지한다)
```

우리가 미리 배운 자동주행함수의 원형은 위와 같이 세분화 되어 있습니다.

나. 자동주행함수 간소화

GO();함수를 매크로 치환으로 간소화 한 것이 우리가 처음 배운 자동주행 함수이며, Proracer.h 파일에 아래처럼 매크로 치환을 해 놓았으며, 이 파일을 위에서 배운 #include로 불러 오는 것입니다.

```
#define   GF   GO(G, F, BR, TB, TS, SPEED);
#define   SF   GO(S, F, BR, TB, TS, SPEED);
#define   RF   GO(R, F, BR, TB, TS, SPEED);
#define   LF   GO(L, F, BR, TB, TS, SPEED);
#define   GT   GO(G, T, BR, TB, TS, SPEED);
#define   ST   GO(S, T, BR, TB, TS, SPEED);
#define   RT   GO(R, T, BR, TB, TS, SPEED);
                    ·
                    ·
                    ·
```

물론 모든 경우를 모두 치환해 놓았습니다. (치환해 놓지 않으면 당연히 컴퓨터가 인식하지 못합니다.) 위의 경우 ';' 까지 치환해 놓았으므로 실제로는 'RT;'를 'RT'로 써도 무방합니다. 하지만, 올바른 습관을 위해 꼭 함수 마무리에 ';'을 꼭 사용합니다.

다. 컴퓨터의 인식 순서

```
#define TS 80    //턴 속도 조절(0~100)
#define BR 10    //브레이크 조절(0~50)
#define TB 10    //턴 브레이크 조절(0~50)
#define SPEED 80  //속도 조절(0~100)
```

일 때,

```
RF;
⇓
GO(R, F, BR, TB, TS, SPEED);
⇓
GO(R, F, 10, 10, 80, 80);
```

이제, 속도조절함수에서 적은 값들이 어느 곳에 적용되는지 알 것입니다. GO();함수를 만들었는데 일일이 모든 구간에 속도와 브레이크값을 넣어 주기가 귀찮으니까^^ 속도와 브레이크값을 치환하여 사용한 것이고, 또 한 번 더 치환하여 더 짧게 사용하도록 한 것입니다. 즉, 세 개 중 어떤 함수를 사용하여도 됩니다. 따라서 주행 도중 일부 구간에서만 속도나 브레이크값을 변경시키려면 그 구간에 해당하는 주행함수를 원형대로 사용하면서 그 안에 값을 직접 숫자로 쓰면 됩니다.

또 하나, 이렇게 짧은 함수로 쉽게 사용하기 위해 방향 중 '앞'을 'G'와 'S'로[4] 나누어 놓게 된 것입니다.

2. 제자리 회전함수

가. 회전함수

```
TURN(방향, 횟수,TB, TS);
```

( )**방향**으로
TS의 속도로 회전하다가
검은 선을 ( )**회** 만나면
TB만큼의 브레이크를 건다.(정지한다.)

나. 매크로 치환

```
#define TR1  TURN(R, 1, TB, TS);
#define TR2  TURN(R, 2, TB, TS);
#define TL1  TURN(L, 1, TB, TS);
#define TL2  TURN(L, 2, TB, TS);
```

TR3; 이라고 쓰면 당연히 컴퓨터는 인식하지 못합니다. 인식시키려면 역시 추가로 매크로 치환을 해 놓거나 TURN(R,3,TB,TS);이라고 명령을 주면 됩니다. (기본 펌웨어에는 TR1 ;TR2; TL1; TL2; 4가지만 치환하여 놓았습니다.)

---

4) G는 BR값이 있어도 0으로 인식하게 되어있습니다. 3. 기본주행함수의 나. 방향이름정하기 참조

3. 브레이크값(BR)의 세부 조절 사항

가. 회전하기 좋은 위치

교차로에서 로봇을 회전시켜야 하는 경우 로봇을 회전하기 좋은 위치까지 이동해야 합니다. 여기서 회전하기 좋은 위치란 교차로의 중심이 회전축과 일치할 경우입니다. (1장 로봇조립하기의 무게중심 참조하세요)

교차로의 중심과 회전축을 일치시키려면 센서보드가 교차로를 인식한 이후에 추가로 더 직진을 시켜야 합니다. 로봇이 매우 빠르게 움직일 경우는 추가로 더 직진하는 시간이 매우 짧으므로 오히려 BRAKE를 강하게 걸어야 하지만 로봇이 천천히 이동할 경우는 센서보드가 교차로 인식 후 추가로 더 직진 시켜야 합니다.

나. 브레이크 세부 조절 함수

로봇을 천천히 이동시킬 경우 매우 중요한 함수입니다.

```
BRAKE_TYPE(브레이크의 종류, 추가직진시간);
```

1) 브레이크의 종류

가) FAST

자동주행함수에 적용된 브레이크값(BR)만큼 역회전에 의한 브레이크를 걸고 정지

나) SLOW

자동주행함수에 적용된 브레이크값(BR)만큼 모터에 입력되는 전원을 off한 채 관성에 의해 정지

2) 추가직진시간

센서보드가 교차로를 인식한 후 지정한 추가직진시간(단위;msec)만큼 라인과 관계없이 로봇 전방으로 이동하며, 이렇게 이동한 다음 회전(R, L)이 이루어지게 됩니다. 당연히 이 값은 로봇주행속도와 밀접한 관계가 있습니다. 적절히 조절하여 로봇이 최적의 위치에서 회전할 수 있도록 합니다. 사용하지 않을 경우는 0을 입력하면 됩니다.

위 기본 주행함수 설명에서 아래 밑줄 친 내용이 추가된다고 생각하면 되는데, 교차로

를 인식한 다음 BRAKE를 걸고 다시 전진하는 것은 상식적으로도 이해가 안 되므로 추가직진시간을 사용할 때는 브레이크의 종류를 SLOW로 선택합니다. (일부 BR값이 매우 작을 때는 FAST를 사용하기도 합니다.)

SPEED의 속도로 라인을 따라가다가
( ) 교차로를 만나면
BRAKE_TYPE에서 설정한 대로 **BR**만큼의 브레이크를 걸은 뒤
BRAKE_TYPE의 **추가직진시간** 만큼 더 전진한 후
( ) 방향으로 **TS**의 속도만큼 회전하다가
검은 선을 한번 만나게 되면 **TB**만큼의 브레이크를 건다.(정지한다)

아래 맵의 이동 구간 중 파란색 부분의 구간만 천천히 50의 속도로 이동해 보자.

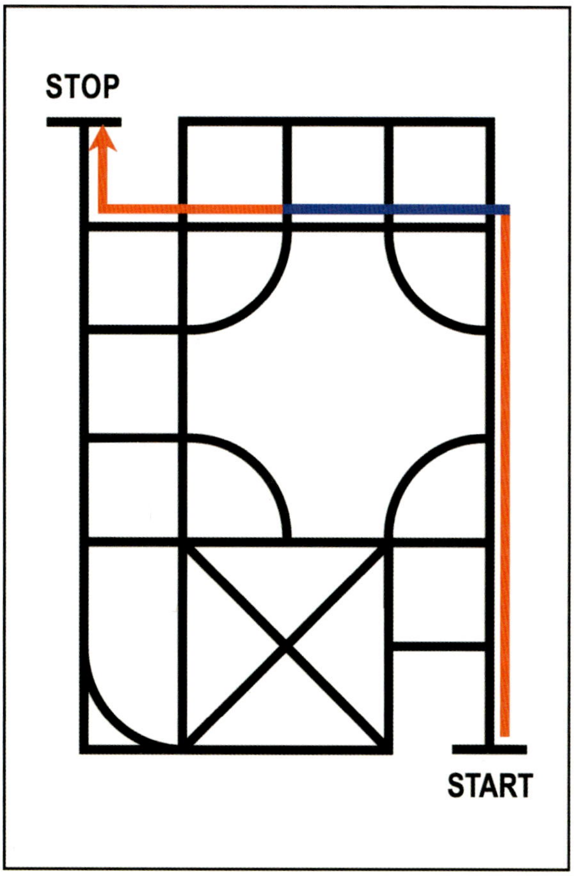

[풀이][5)]

chapter 7 교차로의 인식방법

날 짜	학 년	반	번 호	이 름
20____년 ____월 ____일				

Ⅰ. 학습목표

가. 교차로의 인식방법을 이해한다.

나. 교차로의 로봇과 사람의 인식방법이 다름을 이해한다.

Ⅱ. 준비물

프로레이서 1세트, PC, 건전지(AAA) 6개

Ⅲ. 학습내용

1. T, F 교차로

가. T, F 교차로 인식방법

┬ ┼, ┐ ┤ ┌ ├

위 T, F 교차로를 로봇에게 어떻게 인식시켰는지 생각해 봅시다.

5) GF; GF; GF; GF; LF; GO(G,T,BR,TB,TS,50); GO(G,T,BR,TB,TS,50); GT; RT; ST;

T교차로는 S1&&S7 즉, S1센서와 S7센서가 동시에 검은 선을 만날 경우
F교차로는 S1||S7[6] 즉, S1센서와 S7센서 중 하나라도 검은 선을 만날 경우

즉, 우리 눈에 보이는 모양과는 다르게 로봇에게는 T는 검은 점 두 개, F는 검은 점 하나로만 보이는 것이며, S1과 S7센서를 이용하는 것은 중앙 라인으로부터 가장 멀리 있어 잘 못 인식할 경우가 가장 적기 때문입니다.

ex) T교차로의 로봇과 사람의 인식차

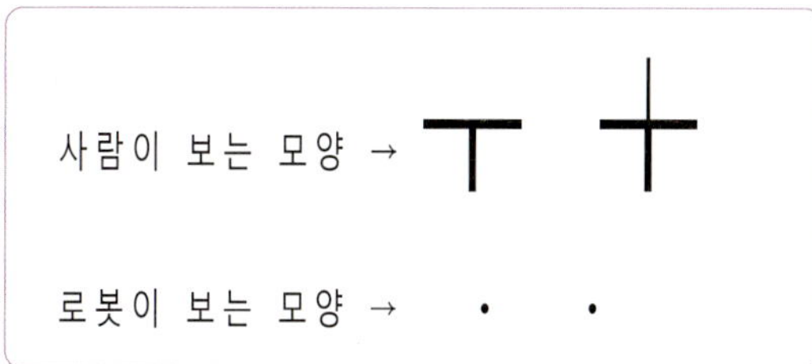

나. T교차로의 추가 기능

그런데, 조금 깊이 생각해 보면 굳이 T교차로와 F교차로를 구분할 필요가 있을까 라는 의문을 가지게 됩니다. 어차피 S1&&S7 을 S1||S7로 포함시킬 수 있으니 그냥 모든 교차로를 F 라고 해도 되지 않을까요?

사실 T에는 자세를 보정하고, 다양한 각도의 많은 T교차로를 인식하기 위한 특별한 기능이 있습니다.

GT; 라고 명령을 하면 꼭 S1과 S7이 동시에 검은 선에 도착하리라고 생각하기는 어렵습니다. 특히, 회전한 직 후 다음 교차로라면 더욱 그렇습니다. 따라서 한쪽 센서가(S1 또는 S7) 먼저 도착하는 경우가 있을 터인데 (로봇이 한쪽으로 치우쳐서 교차로 도착) 이때에는 먼저 도착한 쪽 센서 방향의 모터가 정지하고 나머지 센서가 도착할 때까지 반대방향의 모터가 전진하게 됩니다.

---

6) 키보드의 ←키 옆 ₩버튼 위(Shift키사용)에 있으며 두 번 쓰면 된다.

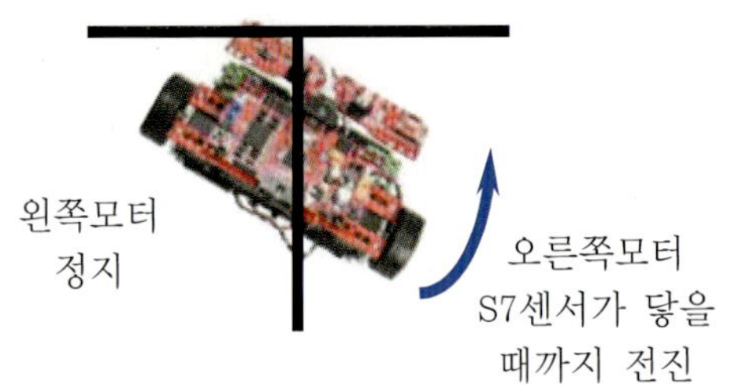

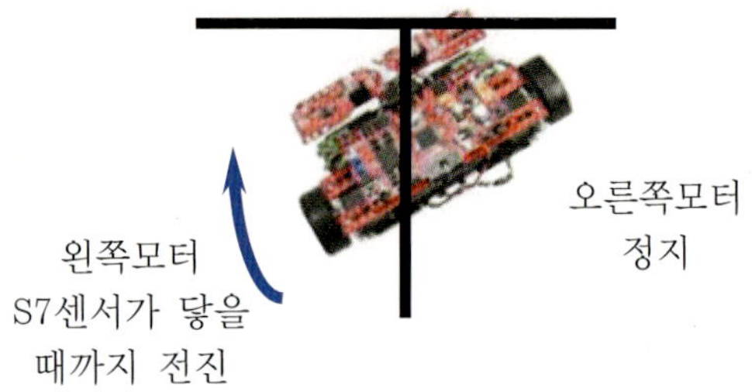

이 효과로 로봇은 자세를 보정하는 효과를 가질 수 있으며, 정확한 T가 아닌 약간 삐뚤어진 T형태의 교차로도 인식하게 되는 것입니다.

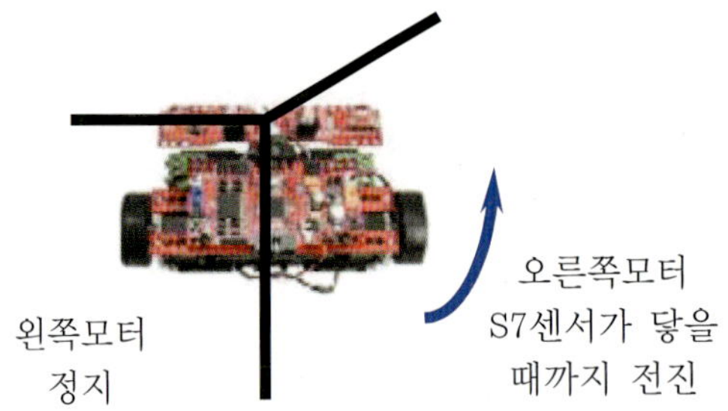

아래 구간을 위에서 배운 함수를 이용하여 보자. 특히, 파란색 위치의 통과를 생각해 보자.

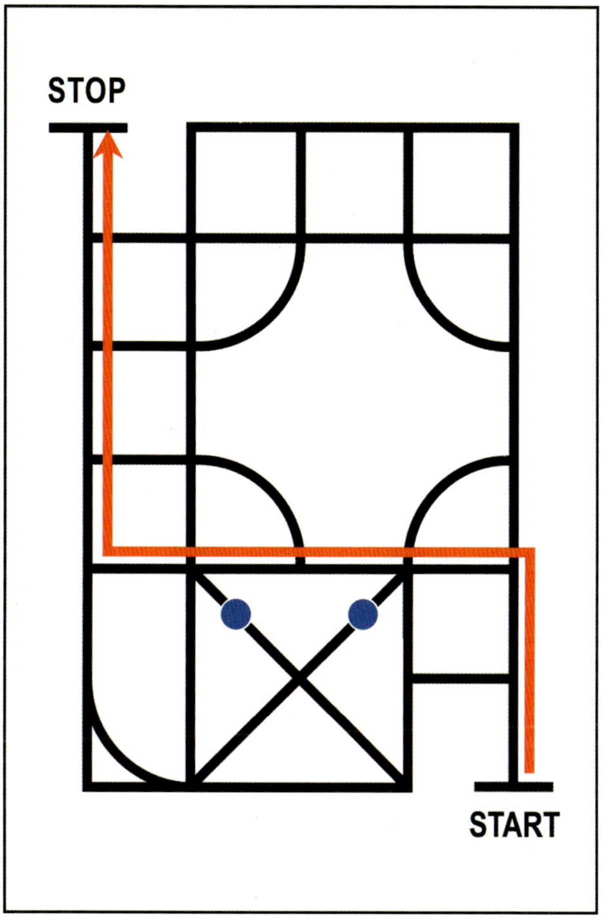

[풀이][7]

2. 추가 교차로 이름 정하기

이제 우리의 머릿속의 T, F교차로는 더 이상의 ┬, ┼, ├, ┌, ┐, ┤ 형태가 아니라 S1또는 S7센서가 검은 선에 닿고 있는 모습이 연상되어야 합니다.

하지만, T, F 두 가지의 교차로 이름만으로는 이전에 풀이한 것처럼 교차로가 아닌 곳에도 교차로처럼 생각해야 되므로 약간의 혼동이 올 수 있습니다. 따라서 교차로라고 생각되어지는 곳에만 교차로이름을 사용할 수 있도록 추가 교차로를 만들어 보겠습니다.

7) GF; LF; GT; GF; GF; GF; GT; RT; GF; GF; GF; ST;

가. F교차로의 추가 분류

교차로 이름	검정색에 닿는 센서번호	교차로 이름	검정색에 닿는 센서번호
FL	S1	FR	S7
FL1	S1 && S2	FR1	S6 && S7
FL2	S1 && S2 && S3	FR2	S5 && S6 && S7
FL3	S1 && S2 && S3 && S4	FR3	S4 && S5 && S6 && S7

나. T교차로의 추가 분류

교차로 이름	검정색에 닿는 센서번호
T	S1 && S7
T1	S1 && S2 && S6 && S7
T2	S1 && S2 && S3 && S5 && S6 && S7
T3	S1 && S2 && S3 && S4 && S5 && S6 && S7

T교차로의 특성대로 그냥 T를 쓸 경우는 S1센서가 먼저 검정색에 닿을 경우 S7센서가 마저 검정색에 닿을 때까지 좌측모터가 정지하고, T2 교차로의 경우는 S1,S2,S3센서가 동시에 검정색에 닿을 때 S5,S6,S7센서가 또 동시에 닿을 때까지 로봇이 회전하게 됩니다.(각각의 경우 모두 그렇습니다.) 간혹 T교차로의 사용 없이 무조건 T2나 T3의 교차로를 사용한 경우가 있는데 조건이 많을 수록 오류가 생길 가능성도 크다는 뜻 이므로 각각의 교차로형태에 맞는 이름을 적절히 사용하여야 합니다. 특히, 이런 교차로들은 무시하고 싶은 선이 있을 때 유용하며 이후 수동주행함수를 배우면 각자의 스타일에 맞게 사용하게 될 것입니다.

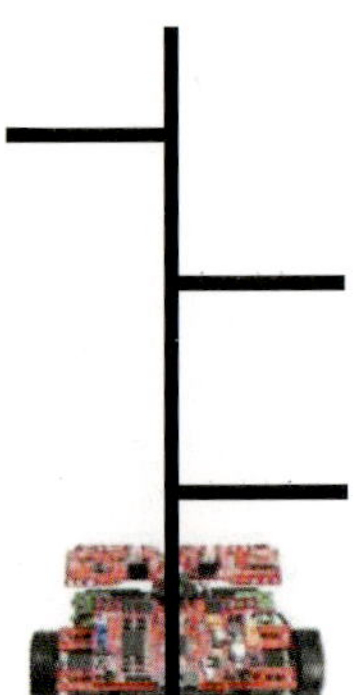

마지막 교차로에서의 정지시
GF;
GF;
SF;
가 아닌
SFL;
로 쉽게 명령을 내릴 수 있다.
(우측의 검은선 무시)

아래 문제를 풀어봅니다. (바로 위 문제와는 다르게 파란색 위치의 교차로 명을 정확히 넣도록 합니다.)

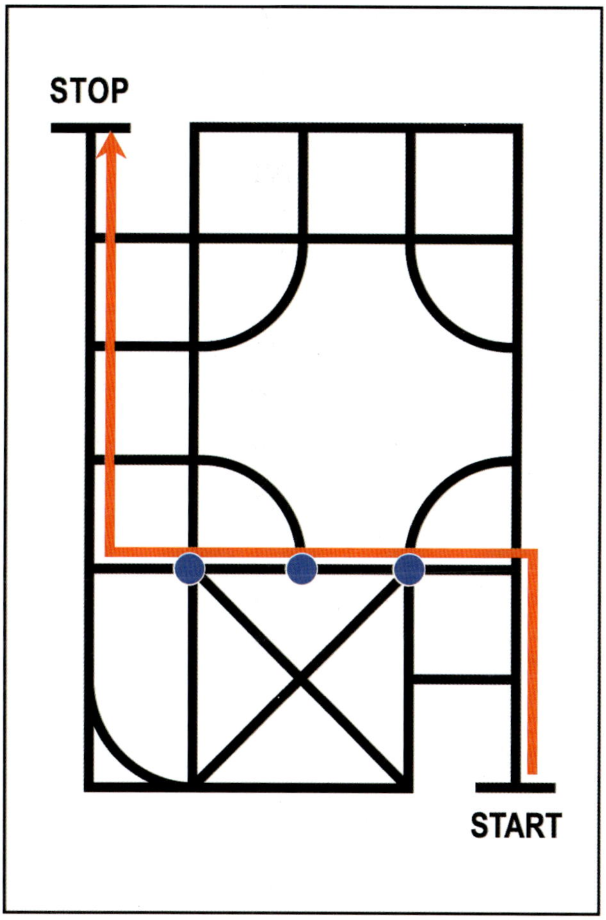

[풀 이][8)]

8) GF; LF; GT; GFR; GT2; RT; GF; GF; GF; ST;
이렇게 직선으로 계속 전진시에는 자세를 보정할 필요가 거의 없으므로 아래와 같이 해도 된다.
GF; LF; GT; GFR; GFR; RT; GF; GF; GF; ST;
이외에도 다른 주행방법을 찾아보면서 'T' 교차로 함수의 쓰임새를 정확히 인지한다.

3. TURN함수 회전 인식

R, 즉 우측으로 회전할 때에는 S5번이 검은 선에 닿을 때 까지 회전
L, 즉 좌측으로 회전할 때에는 S3번이 검은 선에 닿을 때 까지 회전

S4번 센서 즉, 한 가운데에 있는 센서에 검은 선이 닿을 때 까지 회전시키지 않은 이유는 매우 짧은 시간이지만 로봇이 관성에 의해 더 회전되는 것을 이용하여 TB(턴 브레이크)를 되도록 적게 걸고 부드럽게 정지시키도록 하기 위해서입니다.

(제9장 로봇세팅함수 TURN_SET(); 참조)

지금까지 배운 것을 토대로 아래 문제를 풀어봅니다.

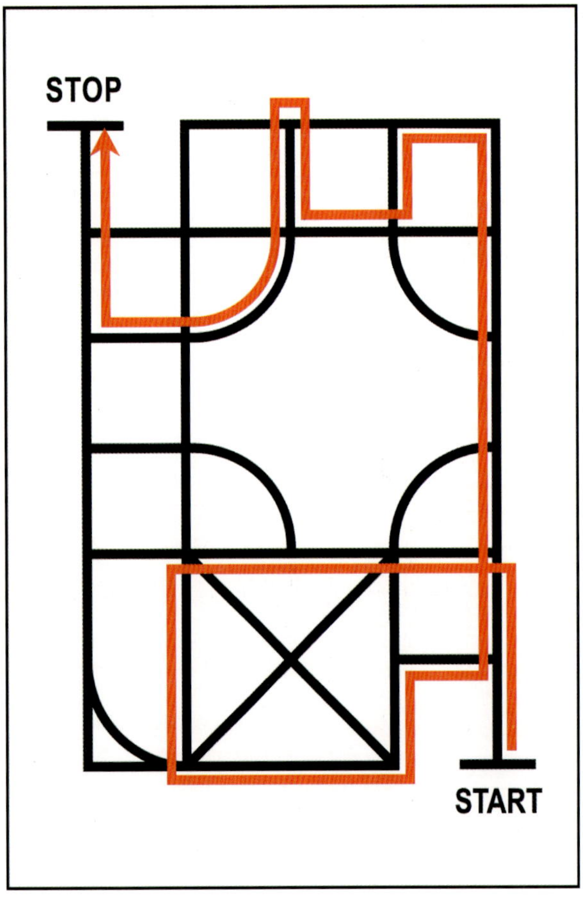

[풀 이][9)]

9) GF; LF; GT; GFR; LT2; LT2; LF2; RF; LT; GF; GF; GF; GF; LF; LF; RT; RT; ST; TR2; GT; GT; RT; GF; ST;

chapter 8 수동 주행 함수

날 짜	학 년	반	번 호	이 름
20___년 _____월 _____일				

Ⅰ. 학습목표

가. 기본주행함수의 구성요소를 이해한다.
나. 함수의 적절한 사용법을 이해한다.

Ⅱ. 준비물

프로레이서 1세트, PC, 건전지(AAA) 6개

Ⅲ. 학습내용

( ) 조건을 만족할 때 까지 ( ) 동작을 하여라.

함수 구성의 기본 베이스입니다. 이 기본 베이스를 머릿속에 잘 넣어 둡니다.

1. MOTOR 구동 함수

가. 기본 모터 구동 함수

```
MOTOR_MOVE(왼쪽모터속도, 오른쪽모터속도);
```

속도 값은 -100~100 까지 이며, -는 역회전 0은 정지하게 됩니다. 주행함수를 넣는 곳에 위 함수를 넣게 되면 모터는 회전하지 않습니다. 명령을 순차적으로 진행하기 때문에 돌리려고 하자마자 끝나기 때문입니다. 계속 회전시키기 위해서는 아래와 같이 써야 합니다. 여기서 while은 중첩함수로 역시 뒷부분에서 다시 다루게 됩니다.

```
while(1)
 {
  MOTOR_MOVE(왼쪽모터속도, 오른쪽모터속도);
  }
```

이 함수를 기본으로 자동주행함수를 작성하게 됩니다. 즉, 가장 기본이 되는 함수인 것 입니다. 보통 직접 사용할 경우는 로봇의 완전한 정지를 위하여 MOTOR_MOVE (0,0);으로 많이 사용되며 기본 펌웨어에는 STOP으로 치환해 놓았습니다.

```
#define   STOP   MOTOR_MOVE(0,0);
```

나. 센서 조건에 따른 모터 구동 함수

```
MOTOR_SENSOR(센서번호, 왼쪽모터속도, 오른쪽모터속도);
```

'지정한 센서가 검정색을 닿을 때 까지 왼쪽모터와 오른쪽 모터를 각각 주어진 속도로 회전하라'의 뜻입니다. 여기서 센서번호는 &&와 || 로 여러 개의 센서 조건에 대해 입력이 가능합니다. not의 의미인 '!'도 사용이 가능하며 일반적인 경기장의 경우 흰색을 만나면의 뜻이 됩니다.

ex) MOTOR_SENSOR(S1&&!S5,-SPEED,SPEED);

→ S1센서는 검정색, S5센서는 흰색을 동시에 만족할 때까지 왼쪽모터는 뒤로

SPEED의 속도로 오른쪽모터는 앞으로 SPEED의 속도로 회전하라. (주어진 조건이 될 때까지 로봇은 좌회전하게 됩니다.)

다. 시간 조건에 따른 모터 구동 함수

```
MOTOR_TIME(시간, 왼쪽모터속도, 오른쪽모터속도);
```

'지정한 시간 (단위;msec)까지 왼쪽모터와 오른쪽 모터를 각각 주어진 속도로 회전하라' 의 뜻입니다.

ex) MOTOR_TIME(3000,-SPEED,SPEED);

→ 3초가 될 때까지 (3초 동안) 왼쪽모터는 뒤로 SPEED의 속도로, 오른쪽 모터는 앞으로 SPEED의 속도로 회전하라.

2. LINE 이동 함수

가. 기본 라인 이동함수

```
LINE_TRACER(주행속도);
```

LINE함수는 MOTOR함수를 조합하여 라인을 따라가면서 이동하도록 만든 함수입니다. MOTOR함수는 라인과 관계없이 이동하며, LINE함수는 무조건 라인을 따라가면서 이동합니다. LINE함수는 라인트레이서의 성능을 결정짓는 중요한 요소 중에 하나입니다. 아래 LINE함수를 만드는 예를 라인트레이서의 기본동작 원리와 DRIVE();함수를 함께 생각하면서 읽어봅시다. (실제로는 매우 다양한 내용의 함수들이 추가 되어 있습니다.)

LINE함수를 사용하는 방법은 MOTOR함수와 비슷하나 라인을 따라가기 위해서 좌, 우 모터의 속도를 로봇 스스로 조정해야 하니 SPEED값이 1개만 있습니다.

```
void LINE_TRACER(int speed)     //선을 따라다니는 함수명 지정
{
if(S3&&S4)  //만약 S3,S4센서가 검은 선위에 있으면
{
MOTOR_MOVE((speed/10)*m_drive1,speed);  //왼쪽모터는 (speed/10)*m_drive1속도로
                                         오른쪽모터는 speed의 속도로 회전
flag=R;                 //오른쪽으로 로봇이 나간 형태 표기
}
else if(S4&&S5)
{
MOTOR_MOVE(speed,(speed/10)*m_drive1);
flag=L;
}
else if(S4)
{
                              ·
                              ·
                              ·
```

나. 센서 조건에 따른 LINE 구동 함수

```
LINE_SENSOR(센서번호, 주행속도);
```

'지정한 센서가 검정색을 닿을 때 까지 주어진 속도대로 라인을 따라가라'의 뜻입니다. 여기서도 MOTOR함수와 마찬가지로 센서번호는 &&와 || 로 여러 개의 센서 조건에 대해 입력이 가능합니다.

not의 의미인 '!'도 사용이 가능하며 일반적인 경기장의 경우 흰색을 만나면의 뜻이 됩니다.

ex) LINE_SENSOR(S1,SPEED);

→ S1센서가 검정색을 만족할 때까지 SPEED의 속도로 라인을 따라가라.

다. 시간 조건에 따른 LINE 구동 함수

```
LINE_TIME(시간, 주행속도);
```

'지정한 시간 (단위;msec)까지 라인을 따라가라'의 뜻입니다.

ex) LINE_TIME(3000,SPEED);

→ 3초가 될 때까지 (3초 동안) SPEED의 속도로 라인을 따라가라

지금까지 배운 수동주행함수를 이용하여 아래 맵을 이동해 보도록 하겠습니다.

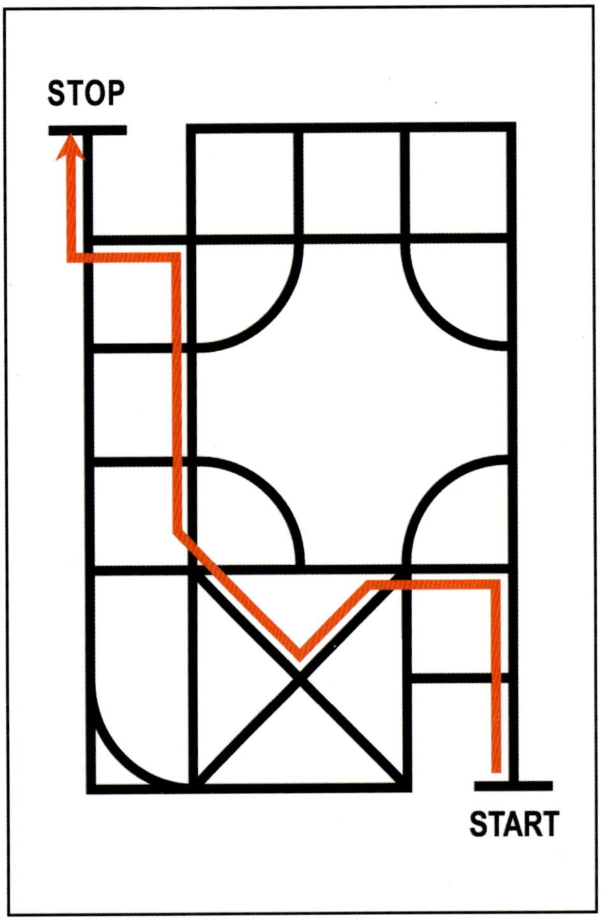

[풀 이][10]

10) GF; LF; GT; MOTOR_SENSOR(S7,0,SPEED); //왼쪽바퀴가 회전축!! LINE_TIME(100,SPEED); //앞 명령에서 아직 S7번 센서가 검은 선에 닿아 있으므로 좌회전 후 다시 바로 RT; 명령을 수행할 수 있어서 라인을 따라 S7센서가 벗어날 때까지 로봇을 보내기 위해서이며, MOTOR_SENSOR(!S7,0,SPEED); 보다는 라인을 따라가며 자세를 보정하는 효과가 있기 때문에 사용하였다. RT; LINE_SENSOR(S3&&S4&&S5,SPEED); //최대한 교차로 가깝게 라인을 따라서 이동 MOTOR_SENSOR(!S2&&!S3&&!S4&&!S5&&!S6,0,SPEED); //로봇속도에 따라서 S2와 S5는 삭제할 수 있으며, MOTOR_TIME(130, SPEED, SPEED);으로 쓰는 것(이 부분의 시간도 역시 주행속도에 따라 변경된다.)이 더 쉽게 할 수 있으나 여기서는 센서사용 방법을 알려주기 위해 사용하였다. TR1; GT; GT; LT; RT; ST;

chapter 9	복잡한 맵을 이동하는 방법

날 짜	학 년	반	번 호	이 름
20___년 _____월 _____일				

Ⅰ. 학습목표

가. 로봇 이동 경로에 대한 적절한 함수의 대입을 할 수 있다.

나. 대회 준비를 위한 어려운 맵에 대한 도전을 한다.

Ⅱ. 준비물

프로레이서 1세트, PC, 건전지(AAA) 6개

Ⅲ. 학습내용

1. 맵 이동의 기본 원칙

여기까지 잘 따라오신 분들은 이제 어느 정도 복잡한 맵도 이동하실 수 있을 것입니다. 하지만, 아래와 같이 어떤 일정한 규칙을 가지고 주행함수를 작성하면 더욱 쉽게 주행할 수 있으며 지금까지 계속 해왔던 주행함수도 아래의 방법이 반복되고 있음을 쉽게 알 수 있습니다. 그리고 지금까지 정한 교차로 이름과 방향의 이름을 비롯하여 많은 것들을 쉽게 사용하기 위해 지정해 놓은 것은 그 만큼 그러한 교차로의 형태가 많기 때문입니다. 즉, 또 다른 형태의 교차로가 맵에 많이 등장할 때는 그 교차로 형태에 맞춘 자동함수를 추가하면 됩니다.

1. 로봇을 원하는 위치까지 최대한 라인을 따라 **이동**시킨다.
   (필요시 로봇이 회전하기 좋은 위치까지 라인과 관계없이 정확히 추가 이동시킨다.)
2. 적절한 브레이크로 **정지**한다.
3. 원하는 방향까지 로봇을 **회전**시킨다.
4. 회전이 완료되면 적절한 브레이크로 **정지**한다.

물론, 위 방법 중 생략해도 되는 부분도 있습니다. 이는 많은 연습과 경험이 빠르게 판단할 수 있도록 도와줄 것입니다.

2. 자동주행함수 분해하기

가. BRAKE

자전거를 타다가 브레이크를 걸 경우는 바퀴 옆의 브레이크 패드가 조여져 마찰력으로 바퀴가 정지하게 됩니다. 자동차의 경우도 디스크를 이용하여 역시 마찰력으로 제동을 하게 됩니다. 그에 반해 DC모터는 전류를 흘려주면 회전을 할 뿐 브레이크를 걸 방법이 없습니다.

그래서, DC모터는 역전류를 보내면 반대로 회전하는 성질을 이용하여, 주던 전류방향을 일정시간 반대로 보냄으로써 바퀴 진행방향의 반대방향으로 일정시간 역회전을 주는 것으로 제동을 하고 있습니다.

나. RF;의 분해

```
#define TS 80    //턴 속도 조절(0~100)
#define BR 20    //브레이크 조절(0~50)
#define TB 20    //턴 브레이크 조절(0~50)
#define SPEED 80  //속도 조절(0~100)
BRAKE_TYPE(FAST,130);
```

의 경우

```
RF;
⇓
GO(R,F,BR,TB,TS,SPEED);
⇓
LINE_SENSOR(S1||S7,SPEED);    //S1||S7→'F', SPEED→주행속도→80
MOTOR_TIME(10,-SPEED,-SPEED);  //10→'BR', SPEED→80(FAST이므로,
                               SLOW일 경우는 0)
MOTOR_TIME(130,SPEED,SPEED);   //130→추가직진시간
MOTOR_SENSOR(!S5,SPEED,-SPEED);  //SPEED→'TS'→80 'R'이므로 S5
MOTOR_SENSOR(S5,SPEED,-SPEED);  //SPEED→'TS'→80 'R'이므로 S5
MOTOR_TIME(10,-SPEED,SPEED);   //10→'TB'
```

자동주행함수에서 'R'은 실제로 더욱 많은 내용을 내포하고 있습니다. 이해를 돕기 위해 간략히 분해해 본 것이며, 실제로 현장에서 위와 같은 방식으로 많이 사용합니다. 풀이를 하자면 아래와 같습니다.

S1 또는 S7 센서가 검정색을 만날 때 까지 라인을 따라간다.
0.01초간 좌,우모터를 뒤로 회전시킨다.
→ (역회전으로 인한 브레이크 효과)
0.13초간 좌,우모터를 앞으로 회전시킨다.
→ (회전하기 좋은 위치에 도달)
S5번 센서가 흰색을 만날 때까지 좌측모터 앞으로 우측모터 뒤로 회전(우회전)
→ 로봇이 라인위에 반듯이 있지 못할 경우를 대비
S5번 센서가 검정색을 만날 때까지 좌측모터 앞으로 우측모터 뒤로 회전(우회전)
→ 결과적으로 우측의 첫 번째 검정 선을 첫 번째 만나게 될 때
0.01초간 좌측모터 뒤로, 우측모터 앞으로 회전
→ (진행방향의 역회전으로 브레이크 효과)

지금까지 배운 것을 토대로 문제를 출제하여(부록의 연습문제 참조) 주행 경기를 해 본다.

chapter 10 로봇 세팅 함수

날 짜	학 년	반	번 호	이 름
20___년 ____월 ____일				

Ⅰ. 학습목표

가. 로봇 사용의 편의를 위한 세팅함수 작성을 할 수 있다.

나. 일반 함수와 세팅함수의 차이를 이해한다.

Ⅱ. 준비물

프로레이서 1세트, PC, 건전지(AAA) 6개

Ⅲ. 학습내용

1. 로봇 세팅 함수의 특징

로봇 세팅 함수의 특징은 명령을 준 다음 같은 명령의 내용을 바꾸어 주기 전까지 지속적으로 영향을 준다는 점입니다. 이 말의 의미는 로봇세팅함수라고 해서 세팅명령을 주기 이전의 명령들까지 전반적으로 영향을 주지 않는 다는 뜻이며 또, 언제든지 세부내용을 변경할 수 있다는 것입니다. 로봇세팅하기라고 펌웨어 상에 주석으로 써 놓은 것은 단지 앞쪽에 미리 써주기 위함입니다.

ex)
```
DRIVE(2,1,0,-4,-9); //GF; ~ RT;까지 영향
GF;          ↓
LF;
RT;
DRIVE(5,3,0,-4,-9); //LT; ~ ST;까지 영향
LT;          ↓
ST;
```

2. 기본 설정

가. LINE_COLOR(라인의 색);

라인의 색 종류를 선택하는 것입니다. 일반적으로 검정색과 흰색을 가장 많이 사용하는데 LINE_COLOR(BLACK);의 경우 흰색바탕에 검정라인, LINE_COLOR(WHITE);의 경우 검정색바탕에 흰색라인 경기장에 해당합니다.

기본설정은 LINE_COLOR(BLACK);으로 되어 있습니다.

ex)
```
int main(void)
{
LINE_COLOR(BLACK);    //흰색바탕에 검정색 라인 주행
GT;
LINE_COLOR(WHITE);  //검정색바탕에 흰색 라인 주행
ST;
END();
}
```

나. MODE(방향);

프로레이서는 듀얼센서를 지원합니다. 전방센서와 후방센서로 나뉘게 되고 각각 FF, BB로 구분하게 됩니다. MODE(FF);는 전방센서가 앞이 되고, MODE(BB);로 바꾸면 후방센서측을 앞으로 하여 이동합니다.

기본설정은 MODE(FF);로 되어 있습니다.

ex)
```
int main(void)
{
MODE(FF);    //전방센서로 주행
GT;
LT;
MODE(BB);  //후방센서로 주행(후방센서측이 앞이 됨)
GF;
ST;
END();
}
```

다. BOARD_VER(보드버전설정);

메인보드 업그레이드에 따라 보드 버전을 설정하는 것입니다. 2010년 2월 현재 2.0버전과 2.1버전이 있으며, 각각 0과 1을 선택합니다. 메인보드의 버전은 메인보드에서 확인 할 수 있습니다.

초기 설정은 BOARD_VER(1);로 되어 있습니다.

라. ERROR(사용유무, 센서입력시간);

센서입력시간에 주어진 시간동안 센서의 변화가 없을 경우 로봇을 정지시키는 함수입니다. 주행 도중 사고 발생 시 로봇의 회로보호를 위해 모든 시스템을 정지 하도록 설정되어 있습니다. 이러한 기능을 사용할 경우는 1, 사용하지 않을 경우는 0을 입력합니다. (에러시간이 짧으면 정상주행 중에도 정지 할 수 있습니다.)

초기 설정은 사용하지 않도록 ERROR(0, 0);으로 되어 있습니다.

ex)
```
int main(void)
{
ERROR(1, 3000); //3초간 센서의 변화가 없으면 로봇정지
GT;
ERROR(0, 3000); //기능을 사용하지 않음
ST;
END();
}
```

마. AUTO_BUZZER(사용유무);

GO(); 명령을 사용할 때만 유효하며, 로봇이 교차로를 인식할 때마다 부져를 1회 울리게 됩니다. 이는 교차로를 제대로 인식하는지 디버깅 용도로 사용할 수 있습니다. 사용유무는 1과 0으로 설정하며, 초기설정은 사용하지 않는 AUTO_BUZZER(0);으로 되어 있습니다.

ex)
```
int main(void)
{
AUTO_BUZZER(1); //교차로 인식시 부져 울리기 사용함
GT;             //부져가 교차로 도착시 울림
AUTO_BUZZER(0); //교차로 인식시 부져 울리기 사용 안함
ST;             //부져가 교차로 도착시 울리지 않음
END();
}
```

바. ROBOT_SAVE(사용유무);

각 구간별 및 총 주행시간을 볼 수 있습니다. 별도의 프로그램을 사용하여야 하며 아래의 순서에 따라 진행합니다.

1) 주행시간 확인 프로그램 실행
2) 다운로더의 4Pin 커넥터와 메인보드의 4Pin 커넥터를 케이블로 연결
3) 다운로드보드의 스위치중 ISP ↔ Serial 을 Serial방향으로 설정

4) 주행시간 확인 프로그램 우측상단의 포트란의 포트번호를 설정
5) 주행시간 확인 프로그램 우측 중간의 포트열기 클릭
6) 로봇 메인보드의 START버튼을 2초간 길게 누른다.
7) 주행시간 확인 프로그램의 좌측 하단에 구간기록 및 전체기록 확인
8) 주행시간 확인 프로그램 우측 중간의 포트 닫기 클릭

사용유무는 1, 0을 사용하며 초기 설정 값은 ROBOT_SAVE(0);으로 되어 있습니다.

사. 모터 세팅 함수

일반 모터의 경우 양쪽 모터의 RPM이 같을 경우가 매우 적으므로 양쪽 모터의 속도를 세팅하여 로봇의 직진성을 향상시키는 함수입니다. 전방센서를 사용할 경우 FM_SET(); 후방센서를 사용할 경우 BM_SET();을 사용합니다. 초기설정은 FM_SET(0,0); BM_SET(0,0);으로 되어 있습니다. 감속률의 범위는 0~200까지입니다.

FM_SET(왼쪽모터 감속률, 오른쪽모터 감속률);
BM_SET(왼쪽모터 감속률, 오른쪽모터 감속률);

ex)
```
int main(void)
{
MOTOR_TIME(2000, SPEED, SPEED);
END();
}
```

↓ 로봇이 좌측으로 치우칠 경우(오른쪽 모터가 더 빠를 경우)

```
int main(void)
{
FM_SET(0, 30);  //오른쪽 모터 30 감속
MOTOR_TIME(2000, SPEED, SPEED);
END();
}
```

아. SERVO_ENABLE(사용유무);

서보모터를 사용할 것인지 아닌지를 설정할 수 있습니다. 초기설정은 서보모터를 사용안하도록 SERVO_ENABLE(0);로 되어 있습니다.

3. 구동 설정

가. BRAKE_TYPE(브레이크종류, 추가직진시간);

브레이크의 종류를 설정하는 함수입니다. GO();(자동주행함수)에서 사용되며, FAST와 SLOW 두 가지로 설정이 되는데, FAST의 경우 모터에 역 부하(역회전)를 걸어 순간적으로 멈추는 타입이며, SLOW모드는 모터에 전류를 끊어 모터의 관성에 의해 멈추는 타입입니다. 뒷부분의 추가직진 시간은 센서보드에서 교차로를 인식한 다음 회전하기 전 추가로 더 직진하도록 합니다. 이 함수를 사용하여 로봇이 회전을 위한 최적의 장소로 쉽게 이동 시킬 수 있습니다. 자세한 내용은 5장 내용 중 브레이크 세부 조절 함수를 참조합니다. 초기 설정은 BRAKE_TYPE(FAST, 100); 입니다.

ex)
```
int main(void)
{
BRAKE_TYPE(SLOW, 100);
GT; //교차로 인식 후 BR값의 시간만큼 모터전원 차단 후, 추가로 0.1초간 직진
BRAKE_TYPE(FAST, 50);
ST; //교차로 인식 후 BR값의 시간만큼 모터 역회전 후, 추가로 0.05초간 직진
END();
}
```

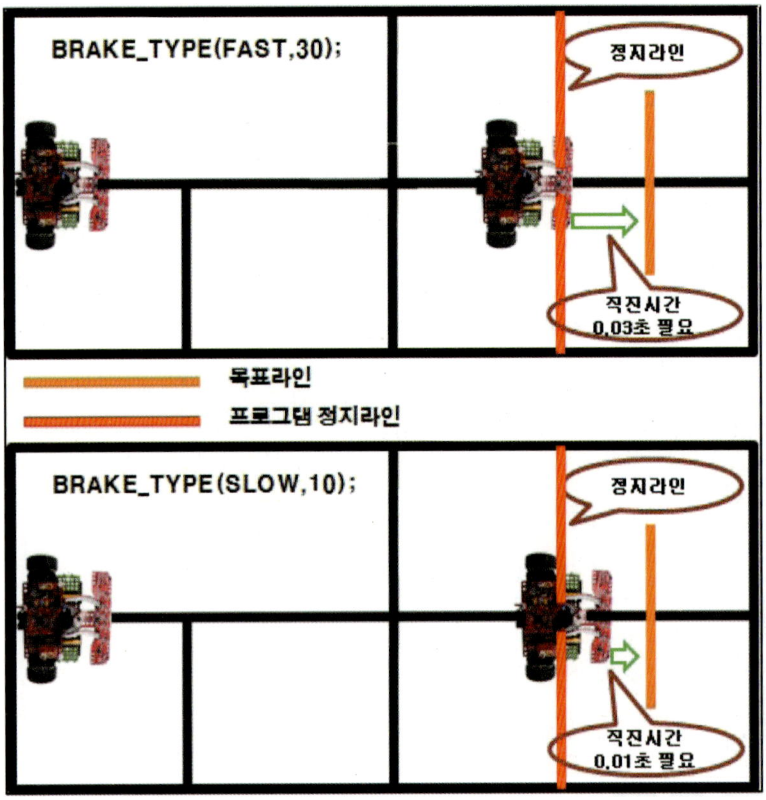

나. SLOW_BRAKE(추가직진속도);

BRAKE_TYPE();에서 설정한 추가 직진시간에서의 속도 값을 설정하는 곳입니다. 추가 직진속도를 줄여주면 더 부드럽게 정지할 수 있습니다. 속도가 느릴 경우에 매우 유효하게 사용될 수 있습니다. 초기설정은 SLOW_BRAKE(50);입니다.

ex)
```
int main(void)
{
SLOW_BRAKE(50);
BRAKE_TYPE(SLOW, 50);
GT;  //교차로 인식 후 BR값의 시간만큼 모터전원 차단 후, 추가로 0.05초간
     50(SLOW_BRAKE(50);의 50값)의 속도로 직진
BRAKE_TYPE(FAST, 100);
ST;  //교차로 인식 후 BR값의 시간만큼 모터 역회전 후, 추가로 0.1초간
     50(SLOW_BRAKE(50);의 50값)의 속도로 직진
```

```
END();
}
```

다. GEAR_USE(기어사용유무);

가·감속 기어를 사용할 경우 사용합니다. 기어는 힘의 전달이 정확하게 이루어져 많이 사용됩니다. 하지만 회전의 방향이 반대로 바뀌기 때문에 모터의 회전방향을 바꾸어 주어야 합니다. 간단히 설명하자면 +,-의 전류를 반대로 바꾸어 주는 역할을 합니다. 사용유무는 1과 0을 사용하며, 초기 설정 값은 GEAR_USE(1);으로 되어 있습니다. (엠아이텍 R250모터가 +,- 반대로 되어 있음)

ex)
```
int main(void)
{
GEAR_USE(1); //DC모터 출력단의 전류를 반대로 하여 모터 회전방향을 반대로 함
MOTOR_TIME(1000, SPEED, SPEED);
GEAR_USE(0); //DC모터 출력단의 전류를 반대로 하여 모터 회전방향을 반대로 함
MOTOR_TIME(1000, SPEED, SPEED);
END();
}
```

라. CROSS_SET(센서폭 설정);

사용자가 간단한 조작으로 로봇의 교차로 감지방법을 변경하는 함수입니다. 센서폭 설정은 HIGH(S1~S7센서로 라인감지), LOW(S2~S6센서로 라인감지) 2가지가 있으며, 초기 세팅은 CROSS_SET(HIGH);로 되어 있으며, 맵의 간격이 좁을 경우 LOW로 변경하여 사용합니다.

ex)
```
int main(void)
{
CROSS_SET(HIGH);   //S1~S7 센서를 이용하여 라인감지
GT;
LT;
CROSS_SET(LOW);  //S2~S6 센서를 이용하여 라인감지
```

```
GF;
ST;
END();
}
```

마. TURN_SET(후진하는 모터의 상대속도, 정지를 명령할 센서위치);

로봇이 TURN하는 동작을 구분합니다. 기본 설정값은 TURN_SET(10, SIDE);입니다.

1) 후진하는 모터의 상대속도

0~10까지의 정수를 사용하며 후진하는 모터의 속도값을 "전진하는 모터의 속도×입력값/10"을 하게됩니다. 즉 회전하는 형태를 지정할 수 있습니다.

2) 정지를 명령할 센서위치

CENTER와 SIDE 2가지 값이 있습니다. 회전이 완료되는 정확한 시점은 통상 S4센서가 검정선에 닿을 경우입니다. 하지만, 회전속도가 빠르게 되면 S4로 지정할 경우 매우 큰 턴브레이크를 걸어야 합니다. 따라서 약간 앞쪽에 있는 S3(좌회전)과 S5(우회전)센서를 이용하게 됩니다. S4로 정지할 경우가 CENTER, S3 또는 S5로 정지할 경우 SIDE를 사용하게 됩니다.

ex)
```
int main(void)
{
TURN_SET(10, SIDE);
TR1;    //우측모터 -SPEED, 좌측모터 SPEED로 회전하다 S5가 닿으면 정지
TURN_SET(0, CENTER);
TL1;    //우측모터 SPEED, 좌측모터 0으로 회전하다 S4가 닿으면 정지
END();
}
```

바. DRIVE함수의 초기값은 DRIVE(6,4,0,−4,−9);입니다.

지금까지 배운 것을 토대로 문제를 출제하여(부록의 연습문제 참조) 주행 경기를 해본다.

chapter 11 기타 주행 함수

날 짜	학 년	반	번 호	이 름
20___년 ____월 ____일				

Ⅰ. 학습목표

가. 로봇 사용의 편의를 위한 함수를 경험해 보고 스스로 작성 할 수 있다.

나. 모터의 움직임에 어떠한 의미를 부여할 수 있는 지 생각해 본다.

Ⅱ. 준비물

프로레이서 1세트, PC, 건전지(AAA) 6개

Ⅲ. 학습내용

1. LINE 구동 관련 함수

가. BRAKE_TIME(시간);

주어진 시간동안 모터를 역회전 시켜 줍니다. 결과적으로 브레이크를 걸어주는 효과를 줍니다. MOTOR_TIME(시간, -SPEED, -SPEED);와 같은 뜻입니다.

나. LINE_CATCH(시간, 왼쪽모터속도, 오른쪽모터속도)

각각 주어진 모터 속도대로 주행하다가 하나의 센서라도 라인을 감지하게 되면 주어진 시간동안 로봇이 자세를 보정하게 됩니다. 더 많은 내용을 포함하고는 있지만 간단히 아래와 같이 표현할 수 도 있습니다. 실제함수는 먼저 닿은 센서위치에 따라 다른 동작으로 자세보정을 합니다.

```
MOTOR_SENSOR(S1||S2||S3||S4||S5||S6||S7, 왼쪽모터속도, 오른쪽모터속도);
LINE_TIME(시간, SPEED);     //라인을 따라가는 함수 자체가 자세보정의 의미
```

다. DELAY_MSEC(시간);

주어진 시간만큼 지연동작을 합니다.

라. ACCEL 함수

라인트레이서에 적재물을 올려놓고 이동할 경우 여러 주행상황 중에 턴동작, 미션동작 등 정지 후 다시 출발 할때 관성에 의하여 적재물이 흔들리는 현상이 생기는데 이로인해, 적재물이 떨어지는 것을 방지하는 부드러운 출발을 위해 사용하는 함수입니다. 가속시간 동안 시작속도에서 목표속도까지 속도가 점차 증가하도록 되어 있습니다. 또, 이와는 반대로 주행하다가 정지할 경우도 관성에 의한 적재물 이동을 막기 위한 감속의 기능도 사용할 수 있습니다.

```
LINE_UP_ACCEL(시작속도, 목표속도, 가속시간):
LINE_DOWN_ACCEL(시작속도, 목표속도, 가속시간):
MOTOR_UP_ACCEL(시작속도, 목표속도, 가속시간):
MOTOR_DOWN_ACCEL(시작속도, 목표속도, 가속시간):
```

ex)
```
int main(void)
{
GT
RF
LINE_UP_ACCEL(10, SPEED, 100);    //10부터 SPEED까지 0.1초간 가속한다.
FSF
END();
}
```

라인트레이서 위해 적재판을 만들어 장착하고, 요쿠르트병을 올려놓고 떨어뜨리지 않으며 미션을 수행하는 경기를 진행하여 본다.

이제부터는 많은 문제를 풀어보겠습니다. 가능 방법은 풀이 이외에도 다양하게 많으니 많은 방법을 생각해 보는 것이 중요합니다. 동작이 어렵거나 이해가 안되는 부분은 네이버 카페 '로봇쌤'의 질문게시판을 이용하시면 됩니다. 풀이는 SPEED 60, TS 45, BR 10, TB 10, BRAKE_TYPE(SLOW, 130);, 충전지 사용 기준입니다.

1. 연습용 경기장 - 1

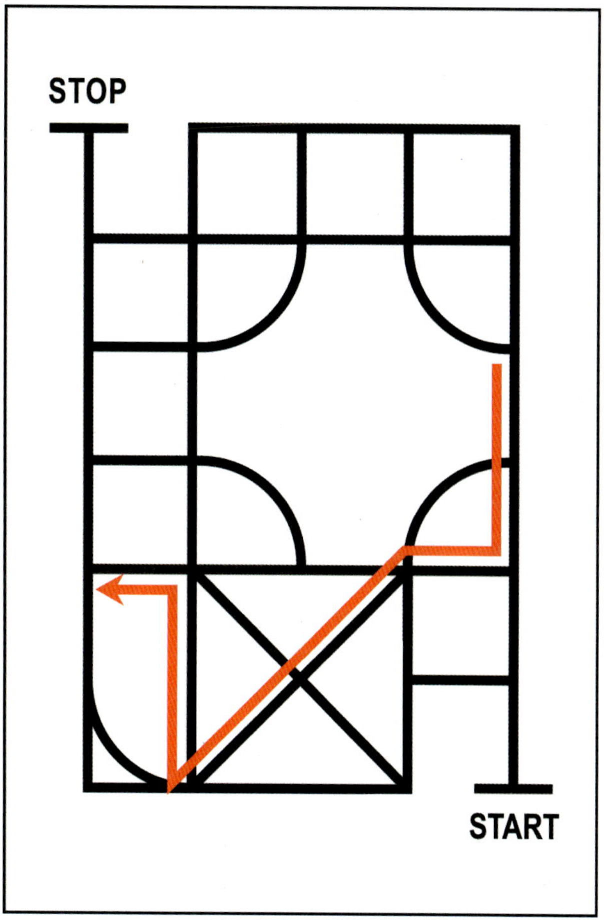

[풀이][11]

2. 연습용 경기장 – 2

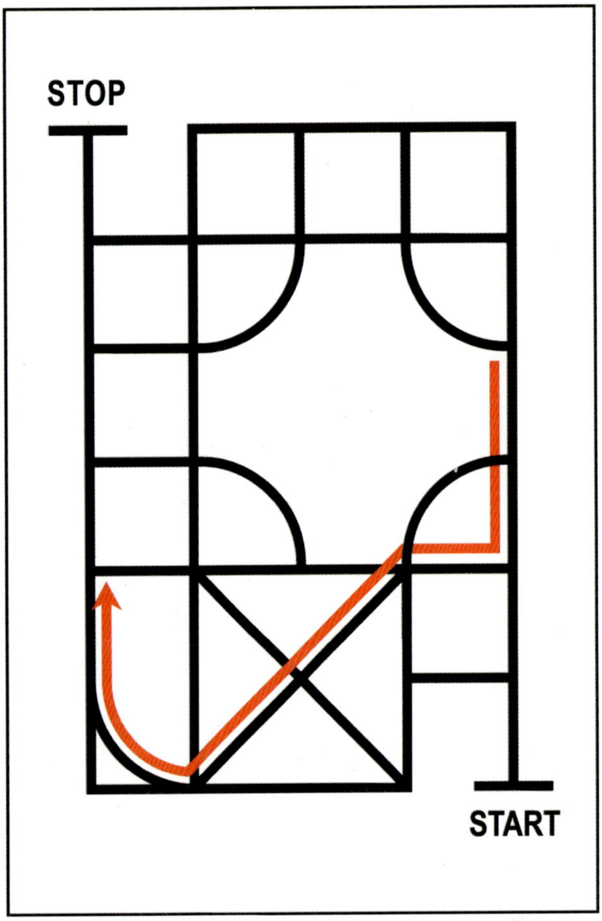

[풀이][12]

11) GF;

```
RF;
GT;
MOTOR_SENSOR(S7, 0, SPEED); //왼쪽바퀴가 회전축!!
LINE_TIME(100, SPEED);
GT;
LINE_SENSOR(S3&&S4&&S5, SPEED)
MOTOR_TIME(170, SPEED, SPEED); //회전축을 교차로 중심에 맞추기 위해 시간조절 할 것
MOTOR_SENSOR(S1, SPEED, -SPEED);
MOTOR_SENSOR(S5, SPEED, -SPEED); //턴브레이크가 필요할 경우 MOTOR_TIME(5, -SPEED,
                                   SPEED); 추가
LT2;
ST;
```

12) GF;

3. 연습용 경기장 - 3

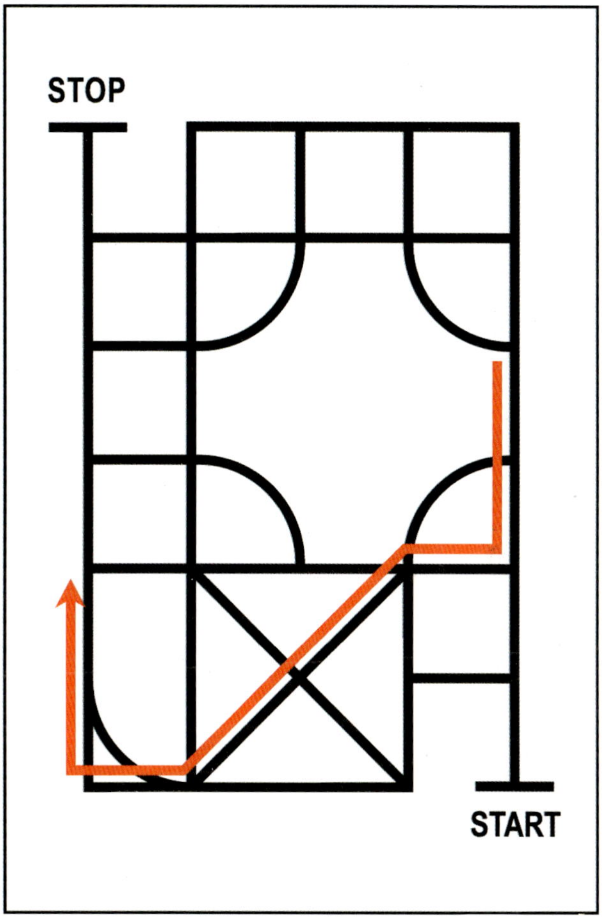

[풀이][13]

RF;
GT;
MOTOR_SENSOR(S7, 0, SPEED); //왼쪽바퀴가 회전축!!
LINE_TIME(100, SPEED);
GT;
LINE_SENSOR(S3&&S4&&S5. SPEED)
MOTOR_TIME(200, SPEED, SPEED); //회전축을 교차로 중심에 맞추기 위해 시간조절 할 것
MOTOR_SENSOR(S2, SPEED, -SPEED); //턴브레이크가 필요할 경우 MOTOR_TIME(10, -SPEED, SPEED); 추가
SFR2;

13) GF;
RF;
GT;
MOTOR_SENSOR(S7, 0, SPEED); //왼쪽바퀴가 회전축!!

4. 연습용 경기장 - 4

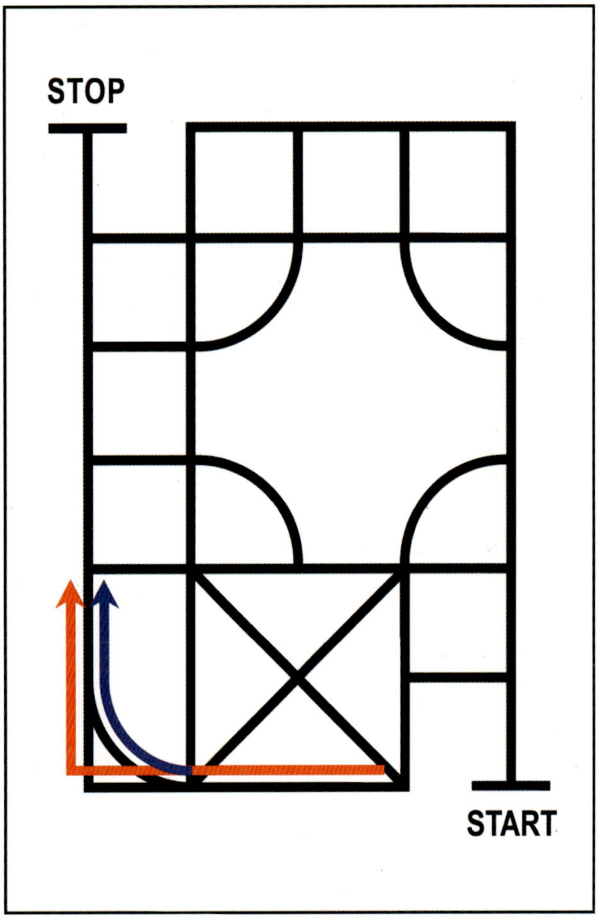

[풀 이][14]

14)
```
LINE_TIME(100, SPEED);
GT;
LINE_SENSOR(S3&&S4&&S5, SPEED)
MOTOR_TIME(170, SPEED, SPEED);  //회전축을 교차로 중심에 맞추기 위해 시간조절 할 것
MOTOR_SENSOR(S5, SPEED, -SPEED);  //턴브레이크가 필요할 경우 MOTOR_TIME(10, -SPEED, SPEED); 추가
RF2;
SF2;
GF2;
MOTOR_TIME(300, SPEED, SPEED);  //복잡한 교차로를 지날 때 까지
RF2;
SF2;
MOTOR_TIME(200, SPEED, SPEED);  //교차로에 회전축 맞추기
MOTOR_SENSOR(S1, SPEED, 0);  //원하는 회전 값이 나오도록 센서번호 선택
SF2;
```

5. 연습용 경기장 - 5

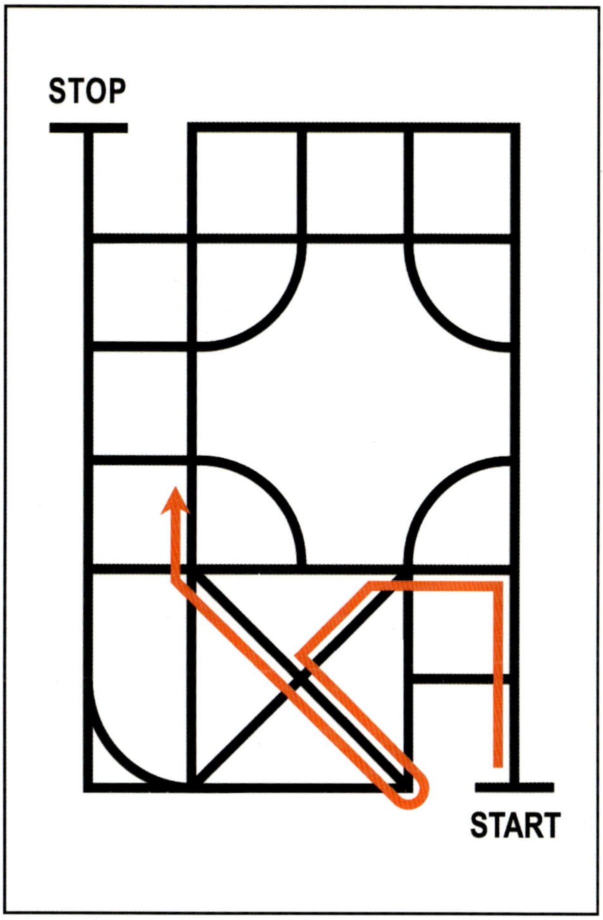

[풀이][15]

---

15) GF;

```
LF;
GT;
MOTOR_SENSOR(S7, 0, SPEED);
LINE_TIME(100, SPEED);  //S1또는 S7센서가 닿아 있을지 몰라 추가 라인 따라 자세보정하며 직진
LT;
LINE_SENSOR(S3&&S4&&S5, SPEED);
MOTOR_TIME(50, SPEED, SPEED);     //교차로에 회전축 맞추기
TL2;
LINE_TIME(100, SPEED);  //S1또는 S7센서가 닿아 있을지 몰라 추가 라인 따라 자세보정하며 직진
GT;
LINE_SENSOR(S3&&S4&&S5, SPEED);
```

6. 로봇올림피아드 카트롤링볼 - 수영

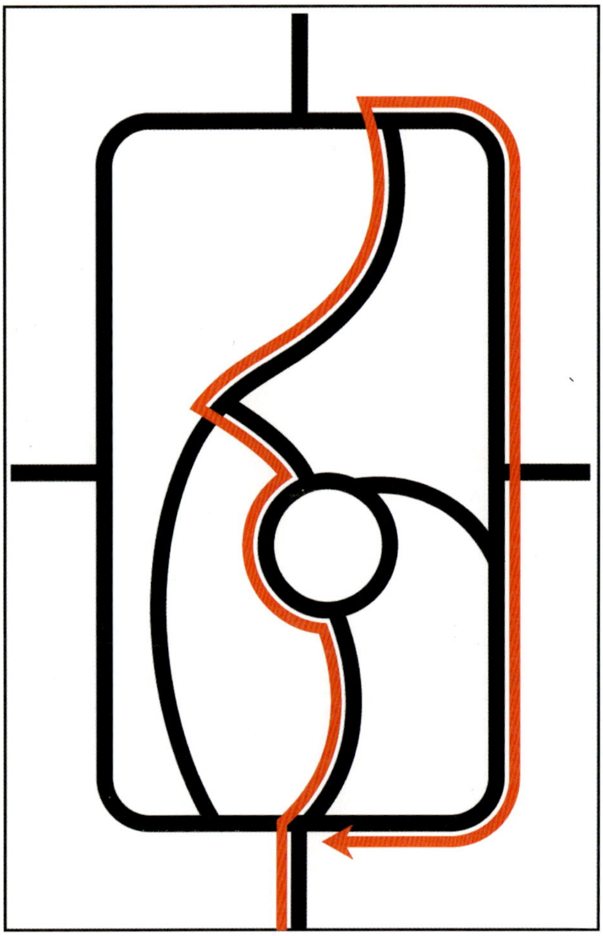

[풀 이][16]

---

16)
```
MOTOR_TIME(130, SPEED, SPEED);     //교차로에 회전축 맞추기
TR1;
ST;
BRAKE_TYPE(FAST, 100);  //떨어지는 적재물이 없으므로 역전압 브레이크를 줌
GT;
LT;
LFL;
RT;
RT;
GFL;
SFL;
```

7. 로봇올림피아드 카트롤링볼 - 피겨스케이팅

[풀 이][17]

17) GT;

```
MOTOR_SENSOR(!S7, SPEED, 0); //선이 빗나가 있으므로 S7센서가 닿아 뒤 RT의 명령이 오류날
                              수 있어
RT;
MOTOR_TIME(100, SPEED, SPEED); //LT; 명령을 해야하나 이전 교차로와 구간이 짧아서
TL1;
RF;
LINE_SENSOR(S3&&S4&&S5, SPEED); //원 앞에 도착
MOTOR_SENSOR(!S1&&!S2&&!S3&&!S4&&!S5, 0, SPEED); //오른쪽바퀴를 원 중심안에 넣음
MOTOR_SENSOR(!S7, SPEED, 0); //맵 그림 상 스케이터의 오른팔에 닿아 있을수 있어서
MOTOR_SENSOR(S7, SPEED, 0); //오른쪽바퀴축으로 S7센서가 닿을 때까지 우회전
MOTOR_SENSOR(S3, SPEED, SPEED); //스케이터 허리부분에 진입
MOTOR_SENSOR(S1, 0, SPEED); //왼쪽바퀴를 축으로 좌회전 시작
MOTOR_SENSOR(S7, 0, SPEED); //좌회전 중~~
MOTOR_SENSOR(S3, 0, SPEED); //좌회전 완료
```

8. 전국청소년과학탐구대회 2009 전국대회 초등부 경기장

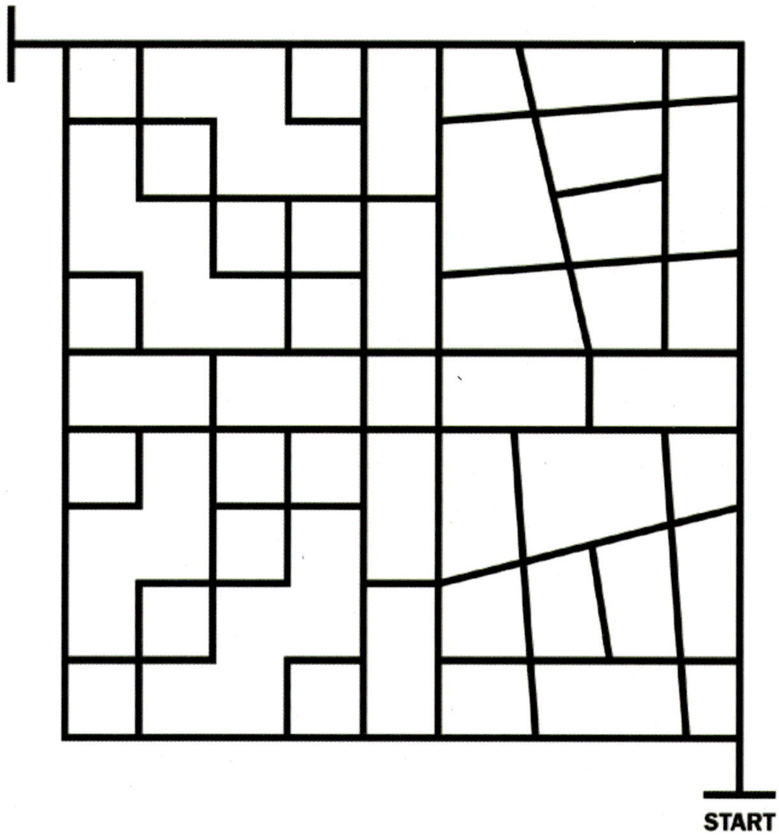

[풀이][18]

RFL;

LINE_TIME(500, SPEED); //위 명령완료시점에서 교차로 인식센서가 스케이터 왼쪽다리부분에 걸릴까봐

SFL;

18) 본인이 직접 문제를 내고 풀어봅시다.

2009년 과탐 전국대회 초등부의 경우 맵이 기본 형태로 쉽습니다. 시간단축을 위해 듀얼센서를 쓰는 것이 유리합니다. 주의할 사항은 유턴위치에서 MODE(BB);로 진행하면 유턴 인정을 받지 못합니다.

9. 전국청소년과학탐구대회 2009 전국대회 중등부 경기장

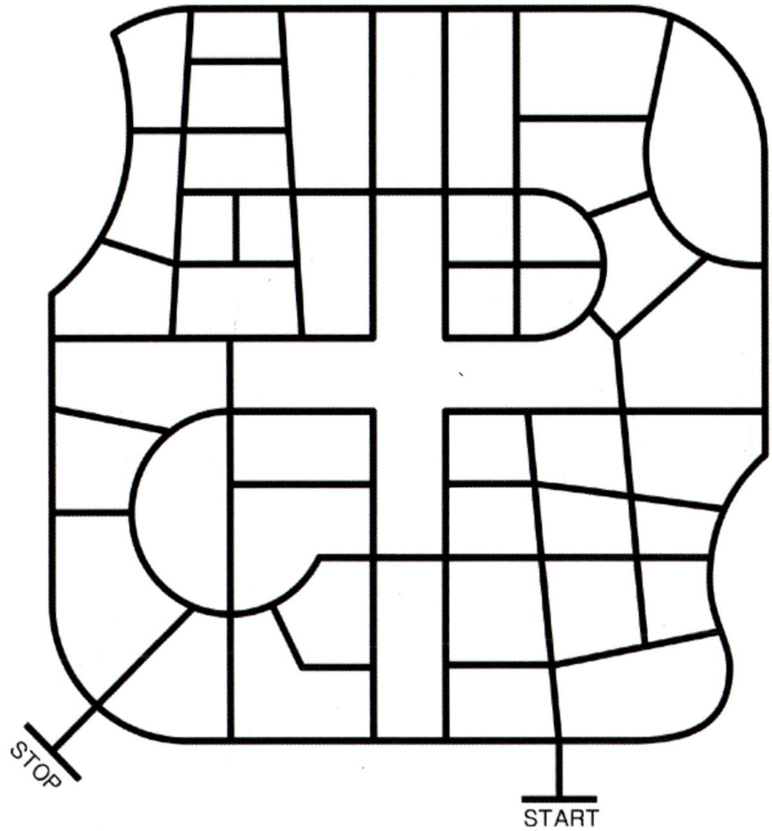

[풀 이][19)]

---

19) 본인이 직접 문제를 내고 풀어봅시다.
2009년 과탐 전국대회 중등부의 경우 맵이 기본 형태로 쉽습니다. 시간단축을 위해 듀얼센서를 쓰는 것이 유리합니다. 전국대회에서는 위 맵이 4등분되어 있으며, 이런 형태의 맵이 여러 장 있습니다. 로봇올림피아드 카트롤링볼처럼 4장을 추첨하여 한 장으로 연결합니다. 연결되는 부위는 검정색 절연테이프를 사용하며, 스타트 및 도착라인도 절연테이프를 사용하여 위치가 얼마든지 변경될 수 있습니다. 주의할 사항은 유턴위치에서 MODE(BB);로 진행하면 유턴 인정을 받지 못합니다.

10. 로봇월드 IRC 2009 미션수행 중등부 경기장

MISSION

[풀 이][20]

20) 본인이 직접 문제를 내고 풀어봅시다

chapter 13 라인트레이서 경기 하기 - 폭발물 제거

날 짜	학 년	반	번 호	이 름
20___년 ____월 ____일				

Ⅰ. 학습목표

가. 정해진 규정에 따라 라인트레이서 경기를 진행한다.

나. 목표물을 정확하게 이동시키는 방법에 대하여 생각한다.

Ⅱ. 준비물

프로레이서 1세트, PC, 건전지(AAA) 6개, 종이컵, 탁구공, 라인트레이서 경기장

Ⅲ. 학습내용

1. 대회 규정

제1조 경기목적

1-1. 라인트레이서 주행 함수에 대해 정확하게 이해하고 적용할 수 있는지에 대한 테스트와 함께 미션에 대하여 창의적인 방법으로 해결하도록 유도한다.

제2조 경기개요

2-1. 정해진 경기장에서 자동 주행하며, 제시되는 미션을 직접 로봇에 프로그램을 하여 해결 하는 경기로서, 미션을 해결하는 미션 획득 점수와 완주시간에 따른 시간 점수를 합하여 순위를 가리는 경기

제3조 경기설명

3-1. 프로그램 작성 시간에 문제지가 제공되고, 정해진 시간 동안 경기장 에서 테스트 할 수 있다.

3-2. 프로그램 작성 시간이 끝나고 실 경기가 시작되면 정해진 장소에 로봇을 일괄적으로 보관하고, 자신의 주행시간에만 로봇을 사용할 수 있다.
(주행이 끝날 경우, 로봇을 반납해야 한다.)

3-3. 대기 선수의 이름이 불려 지면, 참가 선수는 자신의 로봇을 보관 장소에서 받은 후, 로봇의 상태(센서, 모터 등)를 확인하고 대기한다.

3-4. 심판의 로봇에 대한 재점검 및 주의 사항을 듣고, 경기장의 START 지점에 로봇을 위치시킨다.

3-5. 심판의 시작 신호가 있은 후부터 출발할 때까지의 준비시간은 최대 1분을 초과할 수 없다.

3-6. 미션을 수행한 후, STOP 위치에 3초 이상 정지해야 완주한 것으로 인정한다.
(단, 로봇의 몸체가 정지선에 멈추어도 정지한 것으로 한다.)

3-7. 1차시기 도전이 끝나면, 로봇을 정해진 장소에 반납하고 대기한다.

3-8. 순위는 주행점수, 임무수행점수, 적재물 점수를 합산하여 순위를 정한다.
(1차와 2차 점수의 합계를 기준으로 한다.)

제4조 경기규정

4-1. 로봇은 START 지점에 위치시킨 후, 시작한다.

4-2. 로봇은 출발할 때를 제외하고 주행 중 일체 외부에서의 조작(예: 무선조종)을 허용하지 않으며, 주행경기 중 로봇의 하드웨어나 소프트웨어의 추가, 제거 등을 할 수 없다.

4-3. 출전한 선수는 경기 시작 전에 로봇의 이상 유무를 확인 한 후, 이상이 발견되면 심판의 허가 후에 수리를 할 수 있다. (단, 심판의 시작 신호 후에는 수리를 할 수 없다.)

4-4. 모든 미션을 수행한 후, STOP 위치에 정지해야 한다.

4-5. 경기의 시작과 끝은 계측기의 시간을 기준으로 정의한다. (즉, STOP 위치의 정지 기준은 계측기의 시간 측정이 끝나는 시점이다.)

4-6. 참가팀은 프로그램용으로 노트북 컴퓨터를 준비하여야 한다. (경기 당일 전원콘

센트가 부족할 수 있으므로, 전원을 사용하기 원하는 참가자는 개인용 멀티 탭을 지참하여야 한다.)

4-7. 경기는 로봇이 규정에 맞게 제작되었는지 검사한 후, 코스와 과제수행 지시가 적힌 문제지를 지급받고, 프로그래밍 및 연습을 정해진 시간동안 진행한다.

4-8. 프로그램 작성 시간이 끝나면 정해진 장소에 로봇을 일괄적으로 보관하고, 자신의 주행시간에만 로봇을 사용할 수 있다.

4-9. 로봇주행은 2회까지 가능하며, 전 참가자의 1회 주행이 끝날 경우에 로봇을 일괄 지급하고, 별도의 프로그램 수정 시간이 주어진다. 별도의 프로그램 수정 시간에는 연습주행은 가능 여부는 심판의 판단에 맡긴다.

4-10. 경기하는 선수 외에 다른 팀이 방해 행위를 하는 경우(플래시 및 야유 등)에는 승패와 상관없이 방해 행위를 한 팀은 실격 처리 한다.

4-11. 자기 순서에 대기하지 못하여 경기를 하지 못할 경우에는 실격 처리된다.

4-12. 경기 중에 심판 및 감독관의 허가 없이 로봇을 만지는 경우에는 바로 실격된다. 로봇이 이탈한 경우나 오동작 시에는 로봇을 보호해도 된다. (낙하 시, 계측기에 충돌 시 등)

4-13. 로봇이 라인을 찾지 못하고 오동작을 할 경우, 실격 처리하고, 실격처리 전까지 성공한 미션만 점수에 인정된다.

- 특별한 미션 외에 로봇의 바퀴 두 개가 라인의 한쪽 면으로 나가면 이탈로 간주하고, 실격 처리한다. 실격 처리 전까지 성공한 미션만 점수에 인정된다.

4-14. 결승점에 도착하면 로봇은 3초 이상 정지 하여야 한다. (3초 이상 정지하지 못할 시에는 완주로 인정하지 않고 실격 처리 한다.)

4-15. 로봇은 START 지점의 계측기를 지나는 순간부터 STOP 지점의 계측기를 지나는 시간까지 2분을 초과할 수 없다. (2분을 초과할 시 실격)

4-16. 규정에 정해지지 않은 규칙은 경기 당일 심사위원회를 통해 협의하여 공지한 뒤 경기를 진행하며, 이에 대한 이의 제기는 받지 않는다.

제5조 경기장 및 목표물

5-1. 경기장은 아래와 같은 규격으로 규정한다.

가로 2m x 세로 2m, 재질은 배너플랙스

5-2. 경기장

- START : 각 로봇이 경기를 시작하기 전에 준비하고 있어야 한다.
- STOP : 로봇이 모든 미션을 해결하고, 도착 하여야 하는 곳이다.
- 라인의 두께는 18~22mm이고, 직선과 곡선의 조합으로 구성된다.

5-3. 경기장 도안은 아래와 같다.

5-4. 목표물은 특수목표물과 일반목표물이 있다. (단위mm)

- 일반목표물
  사각 플라스틱 케이스 (70 x 60 x 30 ; 20~30g)
- 특수목표물
  원형 플라스틱 케이스 (지름 80, 높이 40) 위에 탁구공을 올려놓음

제6조 임무 수행

6-1. 임무수행 위치는 대회 당일에 제시하며, 현장에서 배포한다.

6-2. 임무수행 항목은 경기장 위에 있는 목표물을 모두 경기장 밖으로 내보내는 것이다.

6-3. 점수는 완주점수 20점, 임무수행점수 80점 합계 100점으로 순위를 정한다. (1차 점수와 2차 점수 중 우수한 기록)

- 완주점수(20점) : 완주점수는 제한시간(2분)내에 코스를 완주한 경우에 부여한다.
- 임무수행점수(80점) : 주어진 임무를 정확하게 수행한 경우 80점 배점

  예시) 임무(Mission) 수행점수(80점)

  * 특수목표물 옮기기 (30점)

  → 목표물을 이동시켰으나 탁구공을 떨어뜨렸을 때는 10점

  * 일반목표물 옮기기 5개 (50점)

  → 10점 x 5개 = 50점

6-4. 주행은 2회 실시하며, 2회 주행(각 회의 완주점수와 임무수행점수의 합)중 우수한 점수를 기준으로 순위를 정한다.

예시) A학생 : 90점(1회) + 87점(2회) = 90점

B학생 : 0점(1회) + 99점(2회) = 99점

6-5. 주행시간측정은 0.01초 단위까지 측정하여 기록한다.

(소수셋째자리 이하는 버림)

제7조 동점자 처리 기준

점수가 같을 경우에는 다음과 같은 규정에 따라 승자를 가린다.

1. 완주점수가 높은 순서
2. 임무수행점수가 높은 순서
3. 주행시간이 짧은 순서

제8조 문제

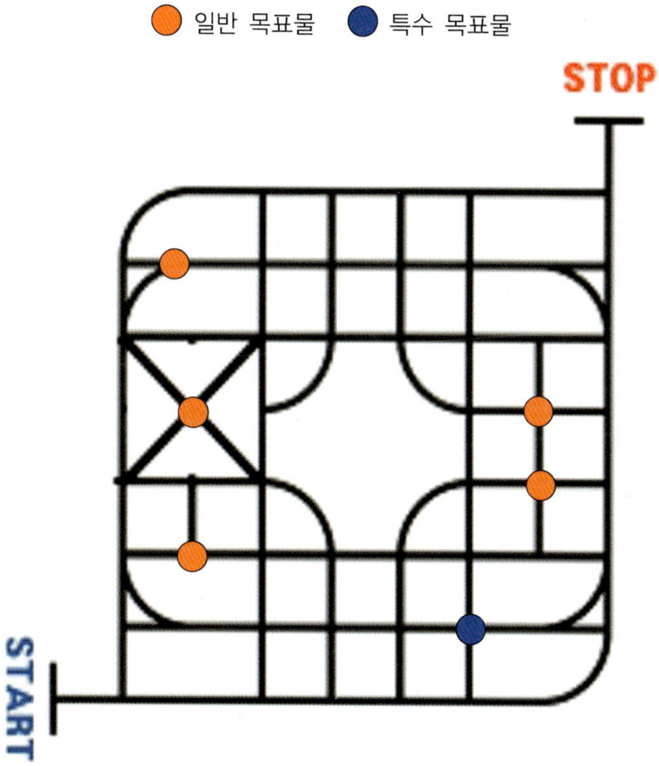

chapter 14 C 기본문

날 짜	학 년	반	번 호	이 름
20___년 ____월 ____일				

Ⅰ. 학습목표

가. C 기본문을 정확하게 이해하며, 적용할 수 있다.

나. C 기본문을 활용하여 더 정확한 라인트레이서 제어를 할 수 있다.

Ⅱ. 준비물

프로레이서 1세트, PC, 건전지(AAA) 6개, 라인트레이서 경기장

Ⅲ. 학습내용

1. while문

가. 해석

while문 바로 뒤에 오는 괄호안의 조건이 만족되는 동안 중괄호 속에 있는 문장들이 계속 수행되는 함수입니다.

```
while (조건)
 {
  문장
  }
```

위와 같은 형태의 경우 수식을 계산하여 0이 되지 않으면 문장이 수행되고 수식을 다시 계산하게 됩니다. 0이 되지 않는 한 영원히 반복합니다.

나. 활용 예

ex)
```
while (1)
{
  LINE_TRACER(SPEED);     //라인을 따라 무한 주행
}
```

ex)
```
while (S1&&S2)
{
  MOTOR_MOVE(SPEED, SPEED); //S1과S2센서가 동시에 라인위에 있을 때 계속 왼쪽
                            오른쪽 모터를 회전(벗어날 때까지)
}
```

2. if문

가. 기본 if문

if문 바로 뒤에 오는 괄호안의 조건이 만족되는 동안 중괄호 속에 있는 문장들이 수행되는 함수입니다.

```
if (조건)
{
  문장
}
```

나. 활용 예

ex)
```
if (S1)
{
  MOTOR_MOVE(SPEED, SPEED);  //S1센서가 라인 위에 있으면 모터를 회전하라
}
```

다. if ~ else문

기본 if문은 조건이 만족할 특정 명령을 실행할 것인가 아닌가를 지정하는데 else문은 조건이 만족되지 않는 경우의 동작도 같이 지정합니다.

```
if (조건)
 {
  문장
  }
else
 {
  문장
  }
```

라. 활용 예

ex)
```
if (S1)
{
  MOTOR_MOVE(SPEED, SPEED);   //S1센서가 라인 위에 있으면 모터를 회전하고,
 }
else
{
  LINE_TRACER(SPEED);  //그 외의 경우는 라인을 따라가라.
 }
```

경우의 수가 많을 경우는 else if ( )로 계속 추가 하면 됩니다.

3. void함수

가. 개요

void는 아무것도 return하지 않는 의미와 매개변수가 없다고 선언하는 함수 인데 이 함수를 이용하여 쉽게 함수를 생성할 수 있습니다.

```
void 함수명(void)
 {
  문장(명령);
  }
```

문장(명령);은 원하는 만큼 쓸 수 있습니다.

나. 활용 예

ex)
```
int main(void)
{
void  CLOSE(void)   //잡기, 영점위치로
 {
  SERVO(SV1, -3, 30);
  SERVO(SV2, 5, 30);
  DELAY_MSEC(300); //잡는 동작을 완료하는 여유 시간
  }
void  OPEN(void)   //벌리기
 {
  SERVO(SV1, 30, 30);
  SERVO(SV2, -30, 30);
  DELAY_MSEC(300); //벌리기 동작을 완료하는 여유 시간
  }
OPEN();    //로봇팔을 벌린다.
CLOSE();   //로봇팔을 오므린다.
END();
}
```

4. switch문

가. 개요

다중 선택문으로 수식이 상수 값에 일치하는지를 확인 하여, 각 상수 값에 대해 개별적인 처리를 지정할 수 있는 문장입니다.

```
switch (수식)
 {
  case 상수1:
      문장(명령);
      break;
  case 상수1:
      문장(명령)2;
      break;
        .
        .
        .
  case 상수n:
      문장(명령)n;
      break;
  default:
      문장(명령);
  break;
  }
```

case는 원하는 만큼 넣을 수 있으며 default:는 case의 특별한 경우로 변수가 앞쪽 case에 있는 값 이외의 값을 가질 때의 처리를 지정합니다.

나. 활용 예

크기가 다른 물체를 이동시킬 경우 로봇팔의 오므리는(잡기) 각도가 변경이 있어야 합니다. 작은 물체와 큰 물체가 있다고 가정한 경우입니다. 여기서는 1, 2가 상수 값입니다.

ex)
```
int main(void)
void CLOSE(short place)
{
switch(place)
 {
  case 1:      //크기가 작은 물체 잡기
  {
  SERVO(SV1, -3, 30);
  SERVO(SV2, 5, 30);
  DELAY_MSEC(300);
  break;
   }
  case 2:      //크기가 큰 물체 잡기
  {
  SERVO(SV1, -20, 30);
  SERVO(SV2, 22, 30);
  DELAY_MSEC(300);
  break;
   }
 default:
 break;
 }
void  OPEN(void)   //벌리기
 {
  SERVO(SV1, 30, 30);
  SERVO(SV2, -30, 30);
  DELAY_MSEC(300);  //벌리기 동작을 완료하는 여유 시간
  }
```

```
CLOSE(1);      //크기가 작은 물체 잡기
GT;
ST;
OPEN();      //벌리기
GT
CLOSE(2);      //크기가 큰 물체 잡기
GF;
OPEN();      //벌리기
END();
}
```

지금까지 배운 것을 토대로 문제를 출제하여(부록의 연습문제 참조) 주행 경기를 해 본다.

chapter 15 아기오리로봇 만들기

날 짜	학 년	반	번 호	이 름
20____년 _____월 _____일				

Ⅰ. 학습목표

가. C 기본문 중 조건문을 이용하여 손을 따라오는 로봇을 만들 수 있다.

나. 다양한 회전의 방법 및 센서 추가하여 더 확실한 동작을 하는 로봇을 제작할 수 있다.

Ⅱ. 준비물

프로레이서 1세트, PC, 건전지(AAA) 6개

Ⅲ. 학습내용

1. 개요

가. 아기오리로봇이란?

아기오리가 엄마오리를 따라다니는 것을 형상화한 것으로 물체(손)를 인식하여 로봇을 구동시키는 형태를 말합니다.

나. 알고리즘

손을 감지하기 위해 적외선 센서를 사용하며, 기본 설명은 S3과 S5 2개의 센서를 사용하며, 사용법에 익숙해지면 센서를 바꾸거나 추가하여 더 정확한 제어를 하도록 합니다. 또한, 라인트레이서 학습 시 배운 함수을 이용하여 프로그램을 더 짧게 작성하여 본다.

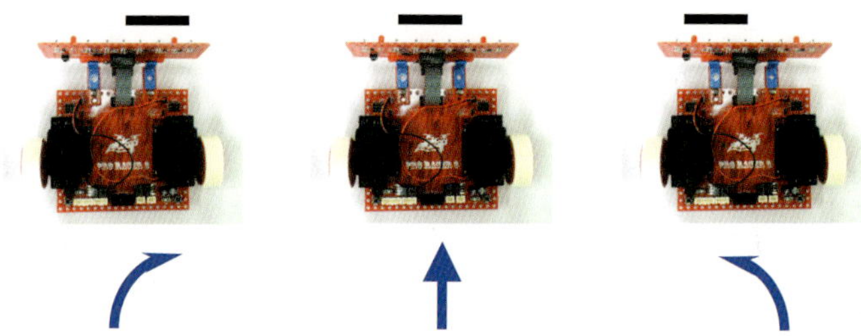

2. 로봇 제작 및 프로그래밍

가. 기본 준비

1) 로봇모델은 센서부를 아래 사진과 같이 변형하여 로봇에 부착한다.

2) 라인트레이서는 검정색 인식이 기본이므로 S1==0 은 흰색(적외선이 들어옴)을 의미하므로 S1==1이 흰색(적외선이 들어옴)을 만들기 위해 아래 로봇세팅함수를 적어준다.

```
LINE_COLOR(WHITE);
```

나. 프로그래밍 하기

기본 동작 프로그램을 작성해보고, 센서의 위치나 속도, 회전의 방법 등을 변화하여 최적의 주행동작을 찾아보도록 한다.

```
#include "Proracer.h"

int main(void)
{
Robot_Ready();
LINE_COLOR(WHITE);

while(1)
 {
   if ( S3==1 )          //왼쪽센서가 감지
    {
     MOTOR_MOVE(0, 100);    // 우회전
    }
   else if ( S5==1 )       //오른쪽센서가 감지
    {
     MOTOR_MOVE(100, 0);        //좌회전
    }
   else if ( S3==1 && S5==1 )   //양쪽 모두 감지
    {
     MOTOR_MOVE(100, 100);        //전진
    }
   else                         //이 외의 조건(앞에 물체가 없을 때)
    {
     MOTOR_MOVE(0, 0);          //정지
    }
}

END();
return 0;
}
```

3. 경기하기

A4용지를 접어 로봇 조종기로 만들고 이동 경로를 주어 빨리 돌아오기 시합을 한다.

chapter 16 드롭체커 만들기

날 짜	학 년	반	번 호	이 름
20____년 _____월 _____일				

Ⅰ. 학습목표

가. 조건문을 활용하여 책상위에서 떨어지지 않는 로봇을 제작할 수 있다.

나. 모터의 회전수 조절 및 센서 추가로 더 정확한 로봇제어를 할 수 있다.

Ⅱ. 준비물

프로레이서 1세트, PC, 건전지(AAA) 6개

Ⅲ. 학습내용

1. 개요

가. 드랍체커란?

낭떠러지를 감지하는 로봇으로 책상위에서 바닥에 떨어지지 않고 주행을 반복하는 로봇을 말합니다.

나. 알고리즘

낭떠러지를 감지하기 위해 적외선 센서를 사용하며, 기본 설명은 S1과 S2 2개의 센서를 사용하며, 사용법에 익숙해지면 센서를 바꾸거나 추가하여 더 정확한 제어를 하도록 합니다. 또한, 라인트레이서 학습 시 배운 함수을 이용하여 프로그램을 더 짧게 작성하여 본다.

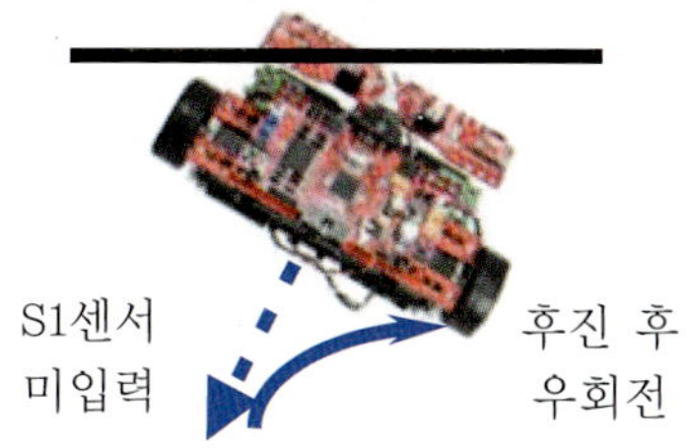

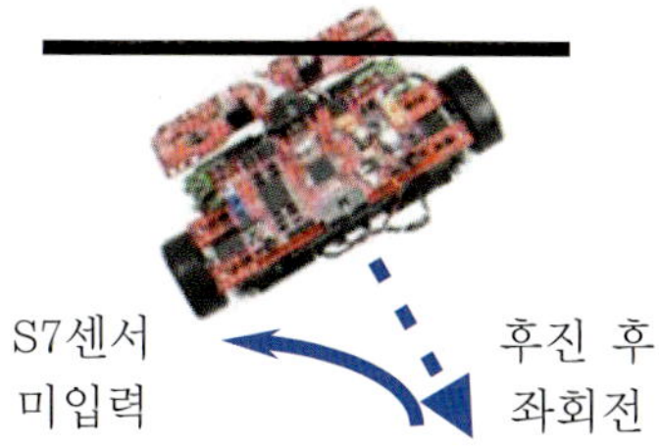

2. 프로그래밍

가. 기본 준비

1) 로봇모델은 라인트레이서 기본 모델을 사용한다.
2) 라인트레이서는 검정색 인식이 기본이므로 S1==0 은 흰색(적외선이 들어옴)을 의미하므로 S1==1이 흰색(적외선이 들어옴)을 만들기 위해 아래 로봇세팅함수를 적어준다.

```
LINE_COLOR(WHITE);
```

나. 프로그래밍 하기

기본 동작 프로그램을 작성해보고, 센서의 위치나 속도, 회전의 방법 등을 변화하여 최적의 주행동작을 찾아 보도록 한다.

```
#include "Proracer.h"
int main(void)
{
Robot_Ready();
LINE_COLOR(WHITE);

while(1)
 {
  if ( S1==0 && S1==1)          //좌측센서가 낭떠러지를 감지하면
   {
    MOTOR_MOVE(-100, -100);    // 후진
    DLEAY_SEC(500);             // 적당한 후진의 시간
    MOTOR_MOVE(100, -100);    // 우회전
    DLEAY_SEC(500);             // 적당한 우회전의 시간
   }
  else if ( S1==1 && S1==0)          //좌측센서가 낭떠러지를 감지하면
   {
    MOTOR_TIME(500, -100, -100);    // 적당한 시간의 후진
    MOTOR_TIME(500, -100, 100);    // 적당한 시간의 좌회전
   }
  else if ( S1==1 && S1==1)
   {
    MOTOR_MOVE(100, 100);        //책상위에 있을 때 항상 전진
   }
 }
END();
return 0;
}
```

3. 경기하기

바닥에 검정테이프로 테두리를 만든 다음 서로 밀어 내기 경기를 해본다.

chapter 17 어보이더 만들기

날 짜	학 년	반	번 호	이 름
20___년 ____월 ____일				

Ⅰ. 학습목표

가. 조건문을 활용하여 책상위에서 장애물을 회피하는 로봇을 제작할 수 있다.

나. 모터의 회전수 조절 및 센서 추가로 더 정확한 로봇제어를 할 수 있다.

Ⅱ. 준비물

프로레이서 1세트, PC, 건전지(AAA) 6개

Ⅲ. 학습내용

1. 개요

가. 어보이더란?

주행 중 물체를 감지하여 회피하는 로봇을 말합니다.

나. 알고리즘

물체를 감지하기 위해 적외선 센서를 사용하며, 기본 설명은 S1과 S2 2개의 센서를 사용하며, 사용법에 익숙해지면 센서를 바꾸거나 추가하여 더 정확한 제어를 하도록 합니다. 또한, 라인트레이서 학습 시 배운 함수을 이용하여 프로그램을 더 짧게 작성하여 본다.

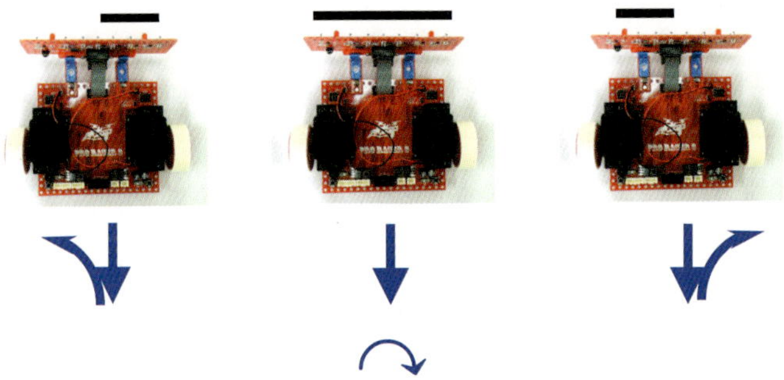

2. 프로그래밍

가. 기본 준비

1) 로봇모델은 센서부를 아래 사진과 같이 변형하여 로봇에 부착한다.

2) 라인트레이서는 검정색 인식이 기본이므로 S1==0 은 흰색(적외선이 들어옴)을 의미하므로 S1==1이 흰색(적외선이 들어옴)을 만들기 위해 아래 로봇세팅함수를 적어준다.

```
LINE_COLOR(WHITE);
```

나. 프로그래밍 하기

기본 동작 프로그램을 작성해보고, 센서의 위치나 속도, 회전의 방법 등을 변화하여 최적의 주행동작을 찾아 보도록 한다.

```
#include "Proracer.h"
int main(void)
{
Robot_Ready();
LINE_COLOR(WHITE);
while(1)
 {
  if ( S1==1 )          //좌측센서가 물체를 감지하면
   {
    MOTOR_MOVE(-100, -100);   // 후진
    DLEAY_SEC(500);           // 적당한 후진의 시간
    MOTOR_MOVE(100, -100);   // 우회전
    DLEAY_SEC(500);           // 적당한 우회전의 시간
   }
  else if ( S7==1 )          //우측센서가 물체를 감지하면
   {
    MOTOR_TIME(500, -100, -100);   // 적당한 시간의 후진
    MOTOR_TIME(500, -100, 100);   // 적당한 시간의 좌회전
   }
  else if ( S1==1 && S7==1 )          //양쪽 다 감지하면
   {
    MOTOR_TIME(500, -100, -100);   // 적당한 시간의 후진
    MOTOR_TIME(1000, -100, 100);   // 조금더 많은 시간의 좌회전
   }
  else              //이 외의 경우(물체가 감지되지 않을 때)
   {
    MOTOR_MOVE(100, 100);   //직진
   }
}
END();
return 0;
}
```

3. 경기하기

바닥에 검정테이프로 테두리를 만든 다음 서로 밀어 내기 경기를 해본다.

chapter 18 리모컨조종 자동차 만들기

날 짜	학 년	반	번 호	이 름
20____년 _____월 _____일				

Ⅰ. 학습목표

가. switch 구문을 활용하여 리모컨 조정 자동차를 만들 수 있다.

나. 모터의 회전수 조절 및 리모컨 키 추가로 더욱 정확한 로봇제어를 할 수 있다.

Ⅱ. 준비물

프로레이서 1세트, PC, 건전지(AAA) 6개, 건전지(AA) 2개, 휴나로보 리모컨, 리모컨 리시버

Ⅲ. 학습내용

1. 개요

가. 리모컨 조종 자동차란?

적외선 통신방식을 이용하여 리모트컨트롤러로 로봇을 무선 제어하는 자동차를 말합니다.

나. 알고리즘

리모컨 키에 서로 다른 모터 회전수를 넣어 자동차의 방향을 제어합니다. 회전의 방법에는 여러 가지가 있으므로 최적의 회전 방법을 찾아봅니다.

2. 프로그래밍

가. 기본 준비

1) 로봇모델은 라인트레이서 기본 모델을 사용한다.
2) 휴나로보 적외선 리모컨과 리모컨리시버를 준비한다
3) 리모컨리시버는 아래 사진과 같이 연결한다.
   (프로레이서 입력포트 중 INT에 극성에 맞게 연결한다.)

나. 프로그래밍 하기

1) switch 문을 이해 한후, 아래 리모컨 버튼에 해당하는 키 값으로 로봇을 무선제어 해본다.
2) 기본 프로그램 작성 후 LED와 BUZEER를 동작하는 함수를 추가하여 본다.

구분	키 값
방향키	UP, DOWN, LEFT, RIGHT
방향키 조합	UP_LEFT, UP_RIGHT, DOWN_LEFT, DOWN_RIGHT
펑션 키	F1, F2, F3, F4, F5, F6
키를 누르지 않음(Key off)	STOP

[리모컨 키 값]

```
#include "Proracer.h"
int main(void)
{
Robot_Ready();
LINE_COLOR(WHITE);

while(1)
 {

  switch(REMOCON_DATA)
      {
        case UP:
          MOTOR_MOVE(100,100);]
          break;

        case STOP:
          MOTOR_MOVE(0,0);
          break;


     default:

          break;

   }

}

END();
return 0;
}
```

3. 경기하기

자동차 주행 경기를 해 본다.

chapter 19 서보모터의 제어

날 짜	학 년	반	번 호	이 름
20___년 _____월 _____일				

Ⅰ. 학습목표

가. 서보모터 제어를 통해 다양한 형태의 로봇제어를 할 수 있다.

나. 모터의 회전수 조절 및 리모컨 키 추가로 더욱 정확한 로봇제어를 할 수 있다.

Ⅱ. 준비물

프로레이서 1세트, PC, 건전지(AAA) 6개, 건전지(AA) 2개, 휴나로보 리모컨, 리모컨 리시버

Ⅲ. 학습내용

1. 서보 구동 함수

프로레이서는 총 4개의 서보모터를 장착할 수 있습니다. 함수는 아래와 같습니다. **서보사용유무 함수를 SERVO_ENABLE(1);로 세팅**한 후, 사용하여야 합니다.

```
SERVO(서보번호, 각도, 스피드);
```

가. 입력값

1) 서보번호

1, 2, 3, 4 4개로 각각 메인보드 SERVO 출력포트의 1~4번과 대응됩니다.

2) 각도

각도는 -90(180°) ~ 90 (0°)까지 선택할 수 있습니다. 영점은 0이고 90°의 위치를 나타냅니다. 자세한 각도의 위치는 아래 사진을 참조합니다. 대부분의 제조사에서 제작된 서보모터 사용이 가능하나 일부 회사 제품의 경우 각도의 방향이 반대일 경우가 있습니다.

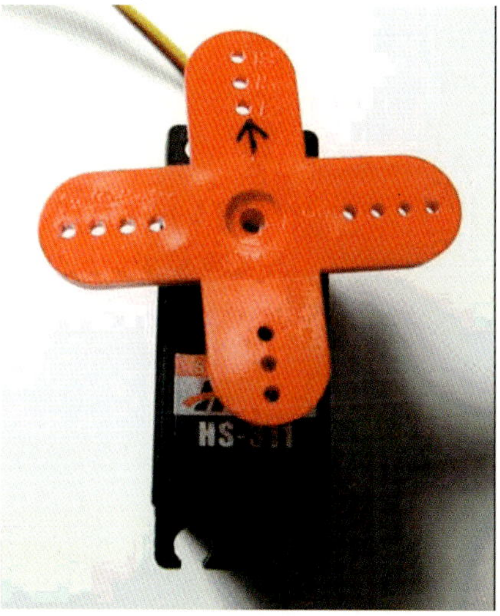

↑

← 90(0°) 0(90°) -90(180°) →

3) 스피드

스피드는 1~50까지 사용이 가능합니다.

나. 서보모터 영점 잡는 순서

1) 사용할 서보모터에 대한 0점 함수를 로봇에게 다운로드 합니다. 펌웨어 업데이트에 따라 로봇전원을 켜면 이 작업 없이 바로 영점으로 이동할 수 있는 경우도 있습니다. 따라서 메인보드에 서보모터 연결 후 전원을 켠 후 서보가 한 방향을 지속적으로 가리키고 있는 경우는 이 과정을 생략합니다.

ex)
```
int main(void)
{
SERVO_ENABLE(1);
SERVO(1, 0, 30);
SERVO(2, 0, 30);
SERVO(3, 0, 30);
SERVO(4, 0, 30);
DELAY_MSEC(2000);  //2초간 영점인 상태로 대기
END();
}
```

2) 서보모터 혼 프레임을 서보모터에 0점 각도(12시 방향)에 맞게 끼운 후, 서보모터 볼트로 고정합니다.
3) 0점 각도에서 약간 틀어질 경우 치우친 각도만큼 프로그램 상에서 수정하여 로봇에게 재 다운로드 합니다.

ex)
```
int main(void)
{
SERVO_ENABLE(1);
SERVO(1, -3, 30);  //좌측으로 약간 치우진 경우
SERVO(2, 5, 30);   //우측으로 약간 치우진 경우
SERVO(3, 0, 30);
SERVO(4, 0, 30);
DELAY_MSEC(2000);  //2초간 영점인 상태로 대기
END();
}
```

4) 1번과 3번을 반복하여 0점을 확인합니다.
5) 다른 동작을 위한 각도를 같은 방법으로 찾습니다.
6) void 함수를 이용하여 서보모터 함수를 새로이 세팅합니다.

아래 함수는 서보모터 2개를 이용한 로봇팔을 장착한 경우 벌리기와 잡기 명령을 줄 경우 새로운 함수를 만드는 예입니다.

```
ex) int main(void)
{
SERVO_ENABLE(1);
void  CLOSE(void)   //잡기, 영점위치로
 {
  SERVO(1, -3, 30);
  SERVO(2, 5, 30);
  DELAY_MSEC(300); //잡는 동작을 완료하는 여유 시간
  }
void  OPEN(void)   //벌리기
 {
  SERVO(1, 30, 30);
  SERVO(2, -30, 30);
  DELAY_MSEC(300); //벌리기 동작을 완료하는 여유 시간
  }
OPEN();     //로봇팔을 벌린다.
CLOSE();   //로봇팔을 오므린다.
END();
}
```

라인트레이서 실습을 통한
로봇프로그래밍 입문

2013년 2월 15일 인쇄
2013년 2월 20일 발행

공 저 ◎ 문 성 환 · 김 수 인
발행인 ◎ 조 승 식
발행처 ◎ (주) 도서출판 북스힐
서울시 강북구 수유2동 240-225
등 록 ◎ 제 22-457 호

TEL (02) 994-0071(代)
FAX (02) 994-0073
E-MAIL bookswin@unitel.co.kr
www.bookshill.com

값 10,000원

ISBN 978-89-5526-494-4